Easy Learning Korean

쉽게 배우는 한국어

읽기 · 쓰기

부산외국어대학교 한국어문화교육센터

공저 우형식 · 양윤정 · 권혜경 · 엄진숙

초급

최근 외국어로서의 한국어교육에서 활용할 수 있는 교재들이 다양한 관점에서 속속 개발되고 있다. 그것은 학습자들이 형태 변화가 복잡하고 낯설기도 한 한국어에 좀더 쉽게 접근하도록 이끌어 주고, 아울러 학습자들의 다양한 학습 욕구를 충족시켜 주려는 노력의 산물이라 할 수 있다.

부산외국어대학교 한국어교육센터에서는 오랜 동안 외국인을 대상으로 하는 한국어 교육을 시행해 오면서 이 센터의 교육 목표와 프로그램의 체제에 부합하는 교재를 개발하기 위해 노력을 경주해 왔다. 이 과정에서 2004년도부터 교재 개발을 위한 구체적인 계획을 수립하고 작업을 진행하였는데, 이 책은 2005년과 2006년 부산외국어대학교로부터 한국어 교재 개발을 위한 지원을 받아 간행되기에 이르렀다.

부산외국어대학교 한국어교육센터에서 거발하는 교재는 단계에 따라 초/중/고급으로 구분하고, 언어 사용 영역에 따라 듣기·말하기와 읽기·쓰기로 세분하는 방식을 채택하고 있다. 또한 각 단계와 영역에서 주 고재를 개발하고, 이에 대한 보조 교재로서 해설서와 활용 교재를 개발하고 있다. 이 책은 처음 한국어에 입문하는 학습자들에게 읽기와 쓰기 영역에서 요구되는 주제를 중심으로, 어휘와 문법 등의 형식적인 요소와 기능 등의 언어 사용 요소를 선정하여 전체적인 내용을 조직하였다. 각 단원은 한국어와 관련한 지식적인 측면뿐만 아니라 실제 한국어 발화 현장에서 사용할 수 있는 측면을 강조하여 학습자들의 의사소통능력을 기르는 데 주안점을 두었다.

이 책은 부산외국어대학교 한국어교육센터의 교사들이 직접 참여하여 전체를 구안하고 각 단원의 내용을 집필하였다. 엄진숙 선생과 권혜경 선생은 원고를 집필하고 양윤정 선생은 초고의 수정과 교정을 담당하여 이 책이 나오는 데 주도적인 역할을 하였다. 그리고 정례적인 교사들의 모임을 통해 그때그때 집필된 원고를 나누어 읽고 검토를 하였으며, 문명신 선생이 예문의 영어 번역을 맡았다. 이러한 개발 과정은 한국어교육센터의 전 소장이었던 우형식 교수가 그 책임을 맡았다.

이제 여러 사람들의 노고가 결실을 맺게 된 시점에서 감사의 마음과 함께 또 다른 감회를 느끼게 된다. 이 책은 완성형이라 할 수 없다. 앞으로 한국어 교수·학습 현장에서 이 책을 활용하는 교사들과 실제 이것으로 학습하는 학습자들의 의견을 수렴하여 더 나은 한국어 교수·학습의 자료가 될 수 있도록 수정해 갈 것이다. 끝으로 난삽한 원고를 이렇게 깔끔하게 책으로 엮어 준 Language Plus의 편집진께도 감사의 인사를 드리고 싶다.

2007년 1월

우 형 식 씀

이 책은 한국어 교재를 학습단계에 따라 초, 중, 고급으로 구분하고 영역에 따라 듣기 · 말하기, 읽기 · 쓰기를 분리하여 구성한 것 중, 초급 단계의 읽기 · 쓰기(독해와 작문) I 에 해당한다. 따라서 여기서는 한국어에 대한 선행 지식이 없는 초급 단계 학습자들의 읽기 · 쓰기 능력을 키우는 데 목표를 두었다. 이 책은 모두 25개 단원으로 되어 있으며, 구성 방법은 다음과 같다.

〈본문〉에서는 다양한 주제와 상황에서 활용되는 기초적인 표현들을 제시하였다.
〈발음〉에서는 본문에 나온 구체적인 어휘들의 실제 발음을 연습하게 하였다.
〈어휘〉에서는 본문 안에 제시된 어휘 가운데 활용도가 높은 것을 선정하여 용법을 중심으로 제시하였다. 그리고 어휘장에 따라 어휘 확장을 시도하였다.
〈문법과 표현〉에서는 각 단원이 목표로 하는 문법 항목과 표현을 제시하였다.
〈연습〉에서는 〈문법과 표현〉에서 익힌 것을 문제 해결 방식으로 연습하게 하였다.
〈활동〉에서는 주제에 맞는 읽기 활동과 간단한 쓰기 활동을 통해 단원별 학습 내용을 심화하고 확장하였다.

이 책은 일상적 한국어를 바탕으로 하되, 학문 목적의 한국어 학습자들에게 초급 단계의 읽기 · 쓰기 활동에서 필수적으로 요구되는 표현을 포함하고 있으며, 학습자들의 활동을 중심으로 구성되었음이 특징이다.
이 책에서는 다음과 같은 약어를 사용하였다.

N(Noun) : 명사   AV(Active Verb): 동작 동사
V(Verb) : 동사   DV(Descriptive Verb): 상태 동사

단원	주제	기능	어휘와 문법	활동
1과	소개	• 인사하기 • 자기 소개하기	• 저 / 제, 나 / 내 • 나라, 사람, 언어 관련 어휘 • –은 / 는 –입니다	• 그림 보고 소개하기
2과	사물 지시	• 사물 지시하기 • 긍정, 부정 표현 질문하고 대답하기	• 이것 / 그것 / 저것 / 무엇 • 네 / 아니요 • –이 / 가 –입니까? • –이 / 가 아닙니다	• 기본 사물 이름 익히기 • 사물 지시하기 • 긍정, 부정으로 대답하기
3과	장소 I	• 장소 표현하기 • 사물의 나열 표현하기	• 여기 / 거기 / 저기 / 어디 • 이사람 / 그사람 / 저사람 / 누구 • –이 / 가 있습니다 • –이 / 가 없습니다 • –에 • –와 / 과	• 그림 보고 사물의 존재여부 표현하기
4과	위치	• 격식체로 평서, 의문 표현하기 • 사물의 위치 표현하기	• 위, 아래[밑], 앞, 뒤, 옆 • 누구, 어디, 언제, 무엇 • –ㅂ / 습니다 –ㅂ / 습니까? • –을 / 를	• 그림 보고 위치 표현하기 • 격식체로 글 쓰기
5과	장소 II	• 장소 이동 표현하기 • 방향 표현하기 • 적절한 조사 표현하기	• 장소 관련 어휘 • 맞은편, 오른쪽, 왼쪽 • 맛있다, 맛없다 • –에 가다 / 오다 / 다니다 • –에서 • –도 • –의	• 표 보고 이동 표현하기 • 장소 이동 표현 완성하기
6과	숫자	• 일상 생활 관련 숫자 표현하기 • 문장 연결 표현하기	• 숫자 어휘(고유어, 한자어) • 수량 단위명사 • –고 / 그리고 • –(이)고 • –들	• 생활 숫자 표현하기 • 사물의 수량 표현하기
7과	시간·요일	• 시간 표현 익히기 • 과거 표현하기	• 시간 • 요일 • –에 • –부터 –까지 • –았 / 었 / 였 –	• 시간표 보고 시간 표현하기 • 과거 표현으로 하루 일과 글 쓰기
8과	날짜	• 날짜 표현 익히기 • 부정 표현하기 • 동작 진행 표현하기 • 미래 표현하기	• 날짜 관련 어휘 • 안 / –지 않다 • –고 있다 • –(으)ㄹ 것입니다[겁니다]	• 글 보고 계획 메모하기 • 달력 보고 계획표 완성하기
9과	한국생활	• 능력(가능성) 유무 • 빈도 어휘 익히기	• 걸리다 • 자즈, 가끔 • –(으)ㄹ 수 있다 / 없다 • –(으)로 • –에게 • –에서 –까지	• 가능 여부 대답하기 • 여행 계획 세우기

단원	주제	기능	어휘와 문법	활동
10 과	직업	• 희망 표현하기 • 이유 표현하기 • 대조 표현하기	• 정도표현어휘 • 돌아가다 / 돌아오다 • 가르치다 / 배우다 • – 이 / 가 되다 • – 아 / 어 / 여서 / 그래서 • – 고 싶다 / 싶어하다 • – 지만 / 그렇지만	• 희망 직업에 대한 글 쓰기 • 영화시간표 보고 계획 세우기
11 과	가족	• 가족 어휘 익히기 • 가족 소개하기 • 경어법 익히기 • 나이 표현하기 • 동사의 현재 관형사형	• 높임말 • 가족 관련 어휘 • 나이 관련 어휘 • – 께서 –(으)시 – • – 께 • – 는(관형형) • ㄹ동사	• 가족 소개 글 쓰기 • 그림 보고 상황 묘사하기
12 과	날씨	• 날씨 어휘 익히기 • 이유 표현하기 • 동사의 과거 관형사형	• 날씨 관련 어휘 • 좋다 • – 거나 • –(이)나 • –(으)ㄴ • –기 때문에 • 때문에	• 날씨에 따른 활동 글 쓰기 • 글 읽고 이유 대답하기
13 과	등산(여행)	• 계절 어휘 익히기 • 동시 동작 표현하기 • 의도 표현하기 • 한정 표현하기 • 동사의 미래 관형사형	• 계절 관련 어휘 • –(으)면서 • –(으)려고 하다 • –(으)ㄹ • – 만 • ㅂ동사	• 짧은 글 읽고 대답하기 • 좋아하는 계절에 대해 글 쓰기
14 과	물건 사기	• 비교 표현하기 • 이동의 목적 표현하기 • 행동의 순서 표현하기 • 형용사의 현재 관형사형	• 의복 관련 어휘 • 끝나다 / 끝내다 • – 보다 더 • –(으)러 가다 / 오다 / 다니다 • –(으)ㄴ 후에 • –(으)ㄴ(형용사 관형형)	• 글 읽고 내용 이해하기 • 그림 보고 외모 비교하기 • 그림 보고 어제 한 일 글 쓰기
15 과	초대 / 음식	• 시간 표현하기 • 행동의 지속 표현하기 • 음식의 재료 표현하기 • 봉사 보조사 표현하기	• 음식 관련 어휘 • 차리다 • – 겠 – • – 아 / 어 / 여서(순차) • –(으)ㄹ 때 • –(으)로 – 을 / 를 만들다 • – 아 / 어 / 여 주다	• 음식 만드는 방법 글 읽고 이해하기 • 음식 만드는 순서 글 완성하기
16 과	별명	• 외모 표현하기 • 별명 소개하기	• 외모 관련 어휘 • 첫눈에 반하다 • 닮다 • – 을 / 를 –(이)라고 하다 • – 처럼 • –(으)로 • – 인데 /–(으)ㄴ데	• 글을 읽고 별명 짓기 • 가족이나 친구의 외모와 별명 소개하기
17 과	학교 생활	• 능력 부족의 부정 표현하기 • 사실이나 현재의 행위 진술하기	• 학교 생활 관련 어휘 • 치다 • 기분이 좋다 • – 아 / 어 / 여야하다 • 못 / – 지 못하다 • – ㄴ / 는다 • – 다	• 학교 생활에 대한 글 읽고 내용 이해하기 • 일기 쓰기

단원	주제	기능	어휘와 문법	활동
18 과	운동	• 운동 행위 묘사하기 • 경기 장면 묘사하기	• 운동 관련 어휘 • 이기다 / 지다 • 정도 • – 기 시작하다 • – 는 동안 • – 에 – 번 • –(으)로	• 동호회 활동에 대한 글 읽고 내용 이해하기 • 모집 공고문 작성하기
19 과	진로	• 계획 세우기 • 직업의 종류를 알고 진로 소개하기	• 직업 관련 어휘 • 세우다 • – 기로 하다 • – 기 위해서 • –(이)나 • – 아 / 어 / 여야겠다	• 도표 읽고 이해하기 • 진로를 정하고 소개하기
20 과	작별	• 상황 제시하기 • 편지 인사말 익히기	• 드리다 • 삼기다 • –(으)면 • – 에게서 • – 겠 – • – 는데 /–(으)ㄴ데 /–(이)ㄴ데	• 편지 읽고 답장 쓰기
21 과	옷차림	• 옷차림 표현하기 • 경험의 유무 표현하기	• 착용 표현 관련 어휘 • 흔들다 • 벌써 / 아직 • –(으)ㄴ 적이 있다 / 없다 • – 고 있다 • –(이)라서 • ㅎ 동사	• 글 읽고 내용 이해하기 • 그림 보고 옷차림 묘사하기
22 과	여행	• 여행 준비하기 • 홍보하기	• 여행 관련 어휘 • 떠나다 • 마음이 놓이다 / 마음을 놓다 • – 기 전에 • –(이)나 • 전혀 • –(으)려고	• 여행지 홍보물 읽고 내용 이해하기 • 여행지 홍보물 작성하기
23 과	병원	• 몸의 증상 표현하기 • 짐작하기	• 신체 / 병원 관련 어휘 • 심하다 • –(으)니까 • – 아 / 어 / 여지다 • –(으)ㄴ / 는 것 같다 • ㅅ 동사	• 병원 진료 순서 알기 • 증세를 읽고 답변하기
24 과	공공질서	• 최상 표현하기 • 금지와 허용 표현하기 • 시도 표현하기	• 공공기관 관련 어휘 • 가장 • –(으)려면 • – 아 / 어 / 여도 된다 • –(으)면 안 된다 • – 아 / 어 / 여 보다	• 장소에 관한 글 읽고 이해하기 • 장소에 관한 글 쓰기
25 과	명절	• 행위의 순차 표현하기 • 행위의 상태와 정도 표현하기	• 명절 관련 어휘 • 지내다 • – 고 나서 • – 기 어렵다 / 쉽다 • – 자마자 • – 게	• 축제 홍보글 읽고 이해하기 • 명절이나 축제 초대장 만들기

Contents

예비편 10

제1과	안녕하십니까? 23
제2과	이것이 무엇입니까? 31
제3과	교실에 무엇이 있습니까? 43
제4과	책상 위에 연필이 있습니다. 53
제5과	유강은 영화관에 갑니다. 65
제6과	집이 몇 호입니까? 75
제7과	마이클은 아침 6시에 일어났습니다. 89
제8과	나오미는 안 왔습니다. 101
제9과	마이클은 김치를 먹을 수 있습니다. 113
제10과	한국어 선생님이 되고 싶습니다. 125
제11과	아버지께서 신문을 읽으십니다. 137
제12과	비가 온 다음 날은 하늘이 맑습니다. 149

제 13 과	마실 물을 준비하려고 합니다.	161
제 14 과	주말이 평일보다 더 복잡합니다.	171
제 15 과	차린 것은 없지만 많이 드십시오.	185
제 16 과	친구들이 저를 땅콩이라고 합니다.	197
제 17 과	사물놀이를 연습해야 합니다.	209
제 18 과	사람들이 환호하기 시작했습니다.	221
제 19 과	대학원에 진학하기로 했습니다.	233
제 20 과	고향에 돌아가면 연락드리겠습니다.	245
제 21 과	양복을 입은 적이 없습니다.	257
제 22 과	여행을 하기 전에 자전거를 맡겼습니다.	269
제 23 과	이제 다 나은 것 같습니다.	283
제 24 과	사진을 찍으면 안 됩니다.	295
제 25 과	한복으로 갈아입고 나서 차례를 지냈습니다.	305
답안		318
찾아보기		327

_한글 자모 Hangeul Alphabets

한글은 한국어를 표기하는 문자이며, 모음 21 개와 자음 19 개로 구성되어 있다.
Hangeul is the character that transcribe Korean, and it is composed of 21 vowels and 19 consonant figures.

1 글자와 발음 character and pronunciation

1 모음자 vowel character

_한글의 모음자는 10개의 단순 글자와 11개의 합성 글자로 되어 있다. 모음자의 이름은 그것의 발음과 같다.
The vowels of Hangeul are composed of 10 simple characters and 11 combined characters. The name of vowel character is the same as its pronunciation.

_모음자는 위에서 아래로, 왼쪽에서 오른쪽으로 쓴다. 각 모음자의 이름을 배우고, 다음 표에 쓰기 연습을 해 보자.
The vowel characters are written from top to bottom and from left to right. Let's learn the name of each vowel character, and practice writing them in the following chart.

모음자 vowel character	이름 name	음가 phonetic value	쓰기연습 writing practice					
ㅏ	아	[a]	ㅏ					
ㅑ	야	[ya]	ㅑ					
ㅓ	어	[ə]	ㅓ					
ㅕ	여	[yə]	ㅕ					
ㅗ	오	[o]	ㅗ					
ㅛ	요	[yo]	ㅛ					
ㅜ	우	[u]	ㅜ					
ㅠ	유	[yu]	ㅠ					
ㅡ	으	[ɨ]	ㅡ					
ㅣ	이	[i]	ㅣ					
ㅐ	애	[æ]	ㅐ					
ㅒ	얘	[yæ]	ㅒ					
ㅔ	에	[e]	ㅔ					
ㅖ	예	[ye]	ㅖ					
ㅘ	와	[wa]	ㅘ					

ㅙ	왜	[wæ]	ㅙ				
ㅝ	워	[wə]	ㅝ				
ㅞ	웨	[we]	ㅞ				
ㅚ	외	[we]	ㅚ				
ㅟ	위	[wi]	ㅟ				
ㅢ	의	[ii]	ㅢ				

2 자음자 consonant characters

_ 한글의 자음자는 14 개의 단순 글자와 5 개의 합성 글자로 되어 있다.
The consonants of Hangeul are composed of 14 simple characters and 5 combined(twin) characters.

_자음자는 왼쪽에서 오른쪽으로, 위에서 아래로 쓴다. 각 자음자의 이름을 배우고, 다음 표에서 쓰기 연습을 해 보자.
The consonant characters are written from left to right and from top to bottom. Let's learn the name of each consonant character, and practice writing them in the following chart.

자음자 consonant character	이름 name	음가 phonetic value	쓰기연습 writing practice				
ㄱ	기역	[g,k]	ㄱ				
ㄴ	니은	[n]	ㄴ				
ㄷ	디귿	[d,t]	ㄷ				

리을	[l,r]	ㄹ					
ㄹ 리을	[l,r]	ㄹ					
ㅁ 미음	[m]	ㅁ					
ㅂ 비읍	[b,p]	ㅂ					
ㅅ 시옷	[s]	ㅅ					
ㅇ 이응	[ŋ]	ㅇ					
ㅈ 지읒	[c]	ㅈ					
ㅊ 치읓	[cʰ]	ㅊ					
ㅋ 키읔	[kʰ]	ㅋ					
ㅌ 티읕	[tʰ]	ㅌ					
ㅍ 피읖	[pʰ]	ㅍ					
ㅎ 히읗	[h]	ㅎ					
ㄲ 쌍기역	[k']	ㄲ					
ㄸ 쌍디귿	[t']	ㄸ					
ㅃ 쌍비읍	[p']	ㅃ					
ㅆ 쌍시옷	[s']	ㅆ					
ㅉ 쌍지읒	[c']	ㅉ					

3 발음 체계 pronunciation system

_ 기본 모음의 발음 체계는 다음 표와 같다.
The phonemic system of basic vowels are as the following diagram.

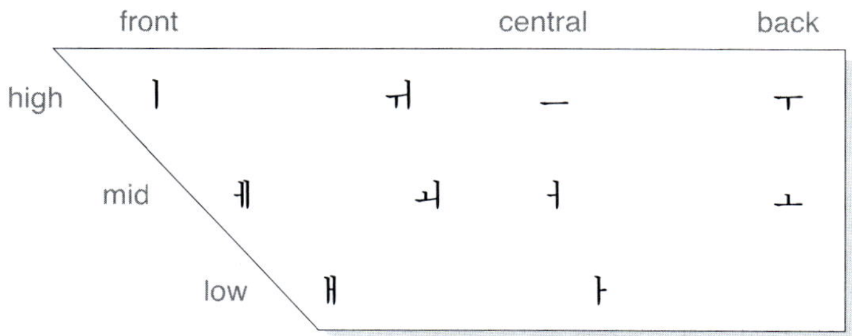

_ 자음자의 발음 특성은 다음 표와 같이 정리된다.
The phonemic features of consonants are described as the following chart.

manners		places	bilabial	alveolar	alveo-palatal	velar	glottal
unvoiced	plosives	lax	ㅂ	ㄷ		ㄱ	
		tense	ㅃ	ㄸ		ㄲ	
		aspirated	ㅍ	ㅌ		ㅋ	
	pricatives	lax			ㅈ		
		tense			ㅉ		
		aspirated			ㅊ		
	affricates	lax		ㅅ			ㅎ
		tense		ㅆ			
		aspirated					
voiced	nasals		ㅁ	ㄴ		ㅇ	
	lateral			ㄹ			

_ 음절의 유형은 자음과 모음의 결합에 따라 다양하다.
The types of syllable are various, depending on the combination of consonant and vowel.

1 모음만으로 (vowel-only)

_ 음절이 모음만으로 구성될 때에는 음가 없는 ㅇ(이응)을 모음 앞에 쓴다.
When a syllable is consisted of a vowel only, the soundless ㅇ(이응) is written before the vowel.

아			
이			
여			

우			
유			
위			

2 자음＋모음 consonant + vowel

_ 음절이 자음과 모음으로 구성될 때에는 모음은 자음의 오른쪽이나 아래에 쓴다.
When a syllable is consisted of consonant and vowel, the vowel is written to the right of consonant or below it.

$$ ㄱ \ + \ ㅏ \ = \ 가 $$

$$ ㄱ \ + \ ㅜ \ = \ 구 $$

가구　　　나비　　　쥐　　　사자

치마　　　포도　　　토끼　　　하마

가
구
나
비
사
자

치
마
포
도
토
끼

3 모음 + 자음(받침) vowel + consonant

_ 받침은 모음 아래에 쓴다.
The consonant in the end of a syllable is written below the vowel.

$$\Box + ㅑ + ㄱ = 약$$

$$\Box + ㅗ + ㅅ = 옷$$

약　　　　옷　　　　알　　　　왕

알						왕			
약						옷			

4 자음 + 모음 + 자음(받침) consonant + vowel + consonant

ㅅ	+	ㅏ	+	ㄴ	=	산
ㄲ	+	ㅗ	+	ㅊ	=	꽃

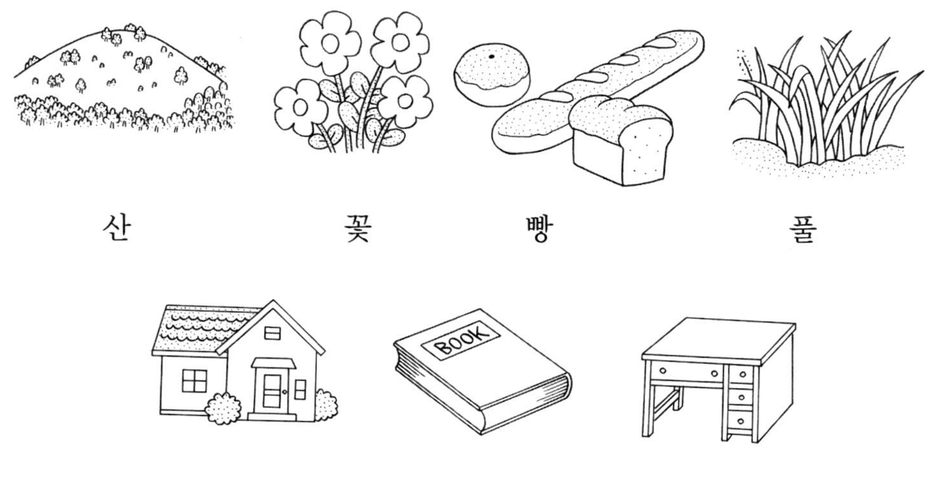

산   꽃   빵   풀

집   책   책상

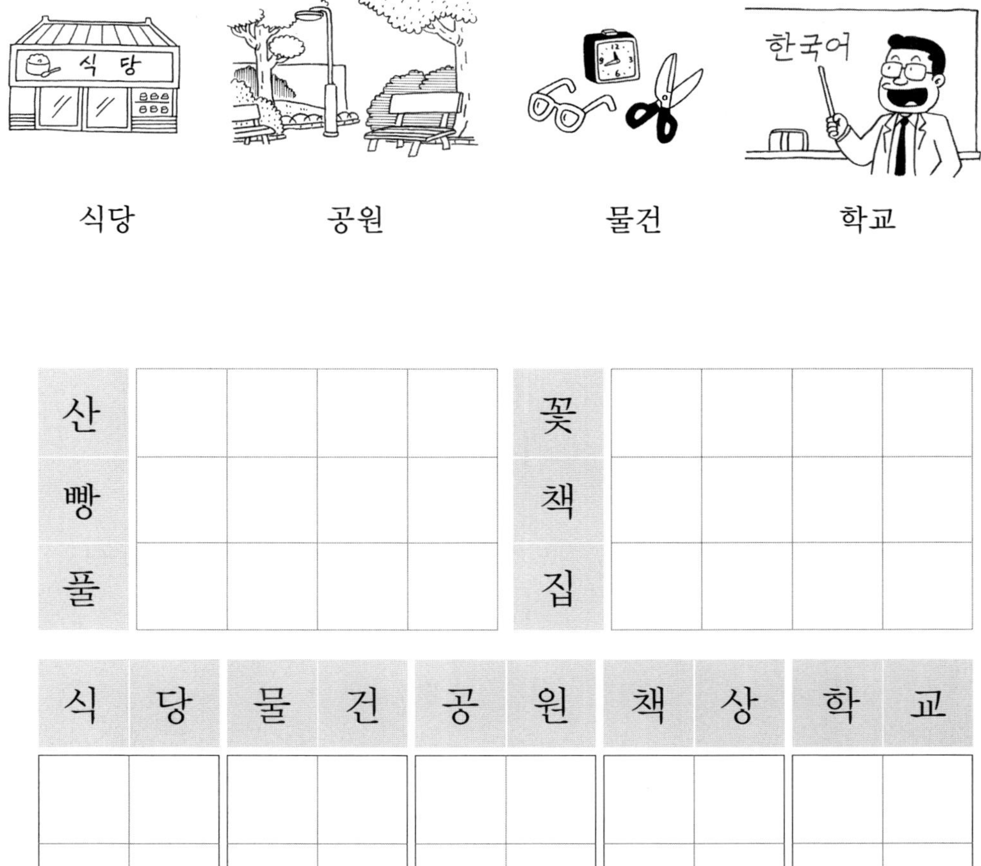

식당 공원 물건 학교

산				꽃			
빵				책			
풀				집			

식	당	물	건	공	원	책	상	학	교

5 받침의 발음 pronunciation of the consonant in the end of syllable

_받침은 모음 아래에 쓴다. 한국어에서는 기본 자음 모두와 몇몇의 합성 자음(ㄲ, ㅆ)은 음절의 끝에 쓰일 수 있다.

The consonant in the end of syllable is written below the vowel. In Korean all the basic consonants and some twin consonants(ㄲ, ㅆ) are used in the end of syllable.

_ 그러나 받침은 다음 표와 같이 [ㄱ, ㄴ, ㄷ, ㄹ, ㅁ, ㅂ, ㅇ] 의 7가지로만 발음된다.
But they are pronounced only seven sounds such as [ㄱ, ㄴ, ㄷ, ㄹ, ㅁ, ㅂ, ㅇ] in the end of syllable as the following chart.

받침 consonant in the end of syllable	음가 phonetic value	예 examples
ㄱ, ㄲ, ㅋ	[k˺]	떡국　　닭다[닥 –]　　부엌[– 억]
ㄴ	[n]	산　　신문
ㄷ, ㅅ, ㅆ, ㅈ, ㅊ, ㅌ, ㅎ	[t˺]	닫다　　옷[옫 –]　　칫솔[칟 –] 있다[읻–]　　낮[낟 –]　　꽃[꼳] 밭[받]　　파랗다[–랃–]
ㄹ	[l]	딸　　얼굴
ㅁ	[m]	감　　임금
ㅂ, ㅍ	[p˺]	밥　　손톱　　숲[숩]
ㅇ	[ŋ]	강　　아리랑

_ 받침은 ㄳ, ㄵ, ㄶ, ㄺ. ㄻ, ㄼ, ㄽ, ㄾ, ㄿ, ㅀ, ㅄ 등과 같이 두 개의 다른 자음으로 결합된 것을 포함한다.
The consonant in the end of syllable includes the combined two different consonants, such as ㄳ, ㄵ, ㄶ, ㄺ. ㄻ, ㄼ, ㄽ, ㄾ, ㄿ, ㅀ, ㅄ etc.

Character

저는 유강이에요. 24 살이에요.
중국 사람이고, 한국어를 배우고 싶어서 한국에 왔어요.

유강

저는 마이클이에요. 32 살이에요. 캐나다에서 왔어요.
한국 학생들에게 영어를 가르치고 있어요.

마이클 조던

저는 고토 나오미예요. 34 살이에요. 일본에서 왔어요.
한국 드라마를 아주 좋아해요.

고토 나오미

저는 강수미예요. 27 살이고 여행 가이드예요.
외국 사람들과 이야기하는 것을 좋아해요.

강수미

I. 안녕하십니까?

KEYPoint

단원의 **학습목표**　　1. 한국어의 기본적인 인사 표현을 익힌다.
2. 국적과 직업, 이름으로 자기를 소개한다.

Dialogue

Word

안녕하십니까?

저는 마이클입니다.

미국 사람입니다.

만나서 반갑습니다.

마이클 씨, 안녕하십니까?

제 이름은 유강입니다.

저는 중국 사람입니다.

만나서 반갑습니다.

안녕하다
저
미국
사람
만나다
반갑다
제
이름
중국

(?) 알아 봅시다.

1 마이클은 미국 사람입니다. （ ○ ， × ）
2 유강은 일본 사람입니다. （ ○ ， × ）

 **발 음**

안녕하십니까? [안녕하심니까]　　마이클입니다 [마이크림니다]

사람입니다 [사라밈니다]　　반갑습니다 [반갑씀니다]

1

나라, 사람, 언어

한국	한국 사람	한국어
중국	중국 사람	중국어
미국	미국 사람	영어
일본	일본 사람	일본어
베트남	베트남 사람	베트남어

2

저 / 제 N,   나 / 내 N

저	제 이름	제 친구
나	내 이름	내 친구

1

N 은/는

저 친구 민수	+ 는 ➡	저는 친구는 민수는	제 이름 이 사람 마이클	+ 은 ➡	제 이름은 이 사람은 마이클은

2

N 은/는 N 입니다.

저는 마이클입니다.　　　　　　　　　　My name is Mike.

저는 미국 사람입니다.　　　　　　　　　I'm an American.

제 이름은 유강입니다.　　　　　　　　　My name is Yugang.

제 친구는 중국 사람입니다.　　　　　　My friend is a Chinese.

1

> 저 (은 , (는)) 왕링입니다.

1 제 이름 (은 , 는) 김민수입니다.

2 이 사람 (은 , 는) 일본 사람입니다.

3 제 친구 (은 , 는) 중국 사람입니다.

4 마이클 (은 , 는) 학생입니다.

2

> 저는 중국 사람입니다.

1 저 _______ 의사 _____________________.

2 이 사람 _______ 여자 _________________.

3 선생님 _______ 한국 사람 _____________.

4 김수미 씨 _______ 학생 _______________.

안녕하십니까?

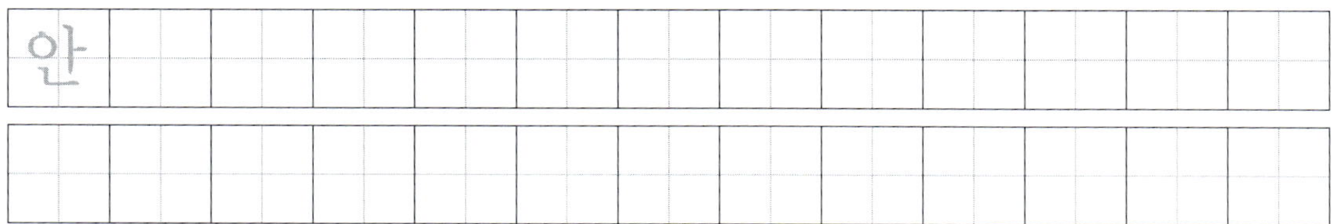

제 이름은 박찬호입니다.

제 이름은 김민수입니다.

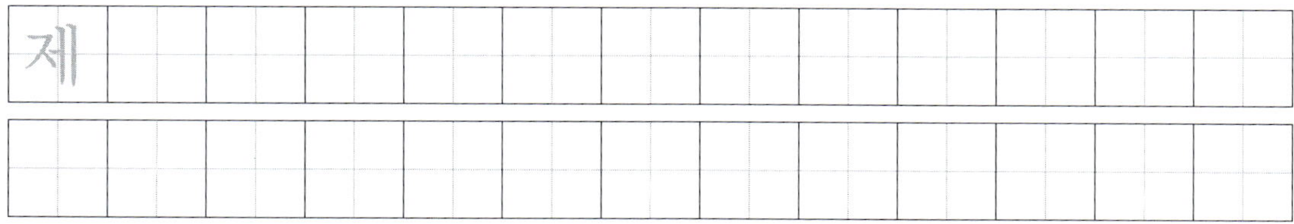

저는 한국 사람입니다.

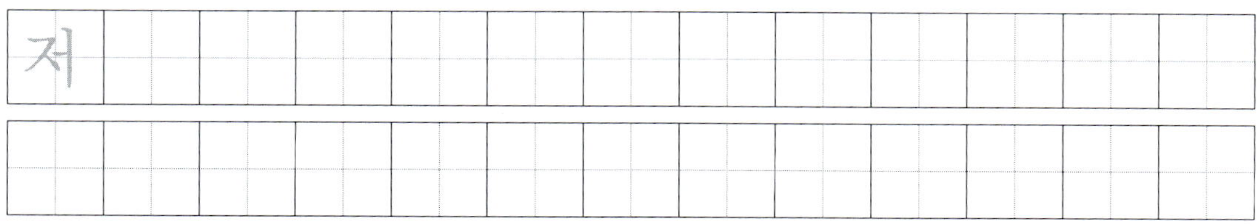

1 그림을 보고 쓰십시오.

		안녕하십니까?
		제 이름은 박찬호입니다.
이름	박찬호	저는 한국 사람입니다.
나라	한국	저는 야구 선수입니다.
직업	야구 선수	만나서 반갑습니다.

이름	마돈나	
나라	미국	
직업	가수	

이름		
나라		
직업		

인사말

안녕하십니까?

만나서 반갑습니다.

오래간만입니다.

처음 뵙겠습니다.

안녕히 가십시오.

안녕히 계십시오.

실례합니다.

미안합니다.

고맙습니다.

괜찮습니다.

2. 이것이 무엇입니까?

단원의 **학습목표**   1. 사물 지시 표현을 익힌다.
2. 질문에 대해 '예 / 아니요'로 대답한다.

Dialogue

이름이 무엇입니까?

제 이름은 나오미입니다.

나오미 씨는 일본 사람입니까?

네, 일본 사람입니다.

이것이 무엇입니까?

그것은 안경입니다.

그것은 일본어 책입니까?

아니요, 이것은 일본어 책이 아닙니다.

한국어 책입니다.

무엇
씨
네
아니요
이것
그것
안경
책

⑦ 알아 봅시다.

1   나오미는 일본 사람입니까? (○ , ×)
2   나오미의 책은 한국어 책입니까? (○ , ×)

 발 음

이름이 무엇입니까 [이르미 무어심니까]   일본 사람입니까 [일본 사라밈니까]
일본어 책입니까 [일보너 채김니까]   책이 아닙니다 [채기 아님니다]

1

이것, 그것, 저것, 무엇

이것은 무엇입니까?

– 그것은 책상입니다.

그것은 무엇입니까?

– 이것은 책입니다.

저것은 무엇입니까?

– 저것은 의자입니다.

2

네 / 아니요

한국 사람입니까?

– 네, 한국 사람입니다.

이것은 의자입니까?

– 아니요, 그것은 의자가 아닙니다.

1

N 이 / 가

이름		이름이
선생님	+ 이 ➡	선생님이
책		책이

제 친구		제 친구가
의자	+ 가 ➡	의자가
김민수		김민수가

2

N 입니까?

이것은 한국어 책입니까?	Is this a Korean book?
중국 사람입니까?	Are you a Chinese?
이름이 무엇입니까?	What is your name?
이것이 책상입니까?	Is this a desk?

3

N 이 / 가 아닙니다.

저는 선생님이 아닙니다.   I'm not a teacher.

제 친구는 한국 사람이 아닙니다.   My friend is not Korean.

저는 스미스가 아닙니다. 마이클입니다.   I'm not Smith. I'm Mike.

유강은 여자가 아닙니다.   Yugang is not a woman.

Exercise 연습

1

이것( , 가) 무엇입니까?

1 이름(이, 가) 무엇입니까?

2 그것(이, 가) 책상입니까?

3 제 친구(이, 가) 아닙니다.

4 이것(은, 는) 의자(이, 가) 아닙니다.

5 저(은, 는) 선생님(이, 가) 아닙니다.

2

→ 이것은 안경입니다.

1   ➡ ______________________________________.

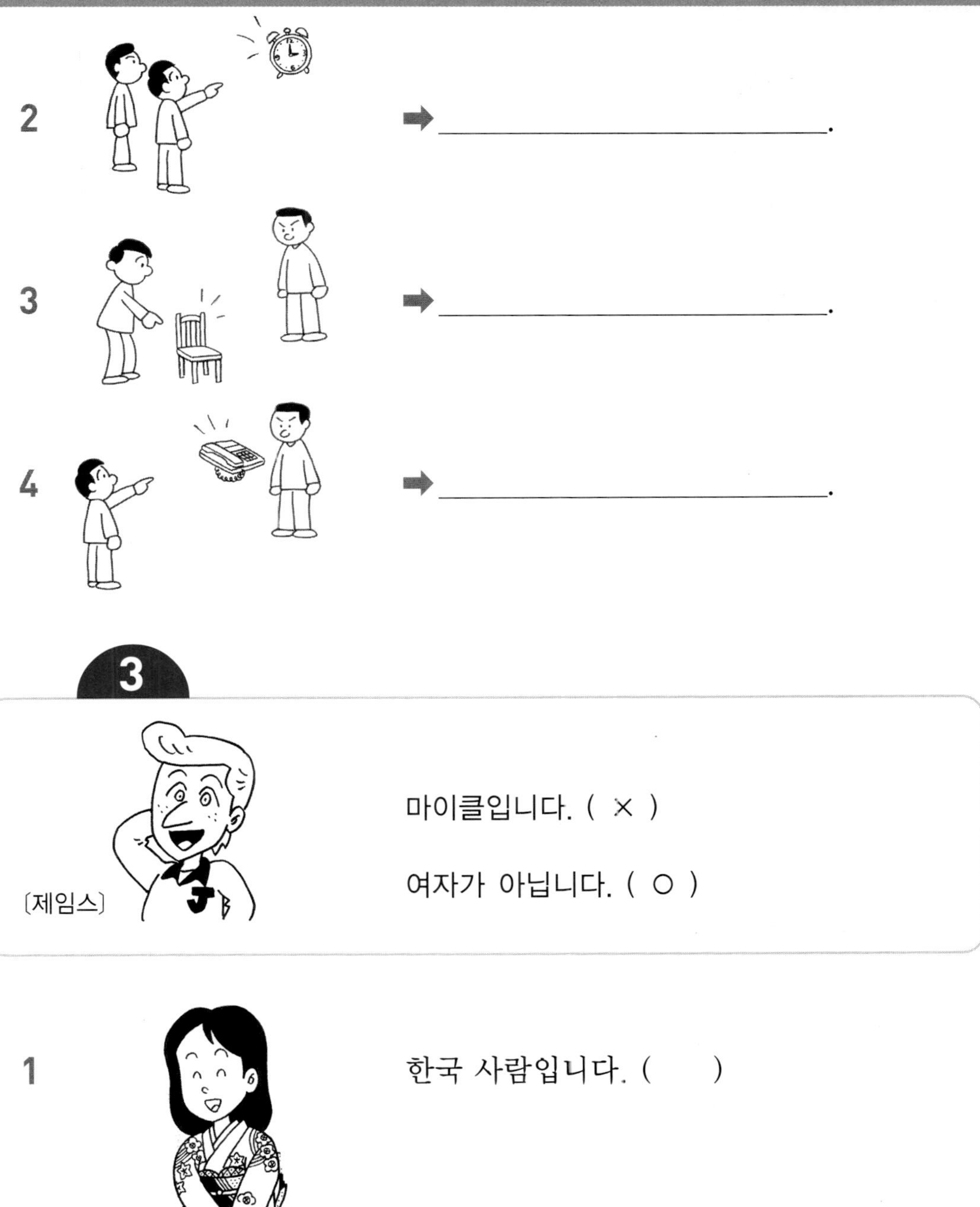

2 ➡ _______________________________.

3 ➡ _______________________________.

4 ➡ _______________________________.

3

〔제임스〕

마이클입니다. (×)

여자가 아닙니다. (○)

1 한국 사람입니다. (　　)

2 책상이 아닙니다. (　　)

3  여자가 아닙니다. (　　)

4  시계가 아닙니다. (　　)

4

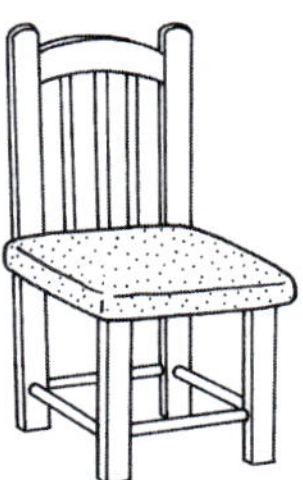

가 : 이것은 책상입니까?

나 : <u>아니요, 그것은 책상이 아닙니다.</u>

가 : 이것은 의자입니까?

나 : <u>네, 그것은 의자입니다.</u>

1 가 : 그것은 사과입니까?

나 : _________________________________

2 가 : 저것은 공책입니까?

　　나 : _________________________________

3 가 : 이것은 라디오입니까?

　　나 : _________________________________

4 가 : 그것은 한국어 책입니까?

　　나 : _________________________________

1 그림을 보고 쓰십시오.

가 : 이것은 책상입니까?

나 : 아니요, 책상이 아닙니다. 그것은 시계입니다.

가 : 이것은 책입니까?

나 : 아니요, ___________________

____

가 : 저것은 연필입니까?

나 : ___________________

____

가 : ___________________?

나 : 아니요, ___________________

____

가 : ___________________?

나 : ___________________

____

한국 사람입니까?　➡　<u>예, 한국 사람입니다.</u>

<u>아니요, 한국 사람이 아닙니다.</u>

베트남 사람입니까?　➡　__________________________________.

__________________________________.

중국 사람입니까?　➡　__________________________________.

__________________________________.

선생님입니까?　➡　__________________________________.

__________________________________.

학생입니까?　➡　__________________________________.

__________________________________.

남자입니까?　➡　__________________________________.

__________________________________.

세계의 여러나라

태국

필리핀

인도

이집트

러시아

호주

프랑스

독일

영국

캐나다

멕시코

브라질

3. 교실에 무엇이 있습니까?

| 단원의 **학습목표** | 1. 장소 표현을 익힌다. |
| | 2. 사물의 존재 여부를 표현한다. |

Dialogue

교실
있다
칠판
지도
가방
없다

교실에 무엇이 있습니까?

책상과 의자가 있습니다.

교실에 칠판이 있습니까?

네, 칠판이 있습니다.

교실에 책과 가방이 있습니까?

네, 책과 가방이 있습니다.

교실에 지도가 있습니까?

아니요, 지도가 없습니다.

? 알아 봅시다.

1 의자가 있습니까?
2 교실에 책상이 있습니까?

발 음

교실에 [교시레] 무엇이 [무어시]
있습니까 [이씀니까] 없습니다 [업씀니다]

1

여기, 거기, 저기, 어디

거기가 어디입니까?

– 여기는 학교입니다.

저기가 어디입니까?

– 저기는 교실입니다.

2

이 사람, 그 사람, 저 사람, 누구

이 사람이 누구입니까?

– 그 사람은 나오미 씨입니다.

저 사람이 누구입니까?

– 저 사람은 김 선생님입니다.

1

N 이 / 가 있습니다

책상이 있습니다.	There is a desk.
칠판이 있습니다.	There is a blackboard.
라디오가 있습니까?	Is there a radio?
– 네, 라디오가 있습니다.	Yes, there is a radio.

2

N 이 / 가 없습니다

창문이 없습니다.	There is no window.
의자가 없습니다.	There isn't desk.
시계가 있습니까?	Is there a clock?
– 아니요, 시계가 없습니다.	No, there is no clock.

3

N 에

도서관에 책이 있습니다.

There is a book in the library.

식당에 의자가 있습니다.

There is a chair in the restaurant.

교실에 학생이 없습니다.

There isn't any student in the classroom.

버스에 사람이 없습니다.

There isn't any people in the bus.

4

N 와 / 과 N

사과와 바나나가 있습니다.

There are apples and bananas.

저와 나오코 씨는 일본 사람입니다.

Naoko and I are Japanese.

책과 공책이 있습니다.

There are books and notebooks.

교실에 선생님과 학생이 있습니다.

There are teachers and students in the classroom.

1

가 : 유강 씨가 어디에 있습니까?

나 : <u>유강 씨는 학교에 있습니다.</u>

1 

가 : 마이클 씨가 어디에 있습니까?

나 : ___________________________

2 

가 : 수미 씨가 어디에 있습니까?

나 : ___________________________

3 

가 : 선생님이 어디에 있습니까?

나 : ___________________________

4 

가 : 친구가 어디에 있습니까?

나 : ___________________________

책(와 , (과)) 공책

1 한국 사람(와 , 과) 중국 사람

2 구두(와 , 과) 운동화

3 학교(와 , 과) 집

4 도서관(와 , 과) 식당

3

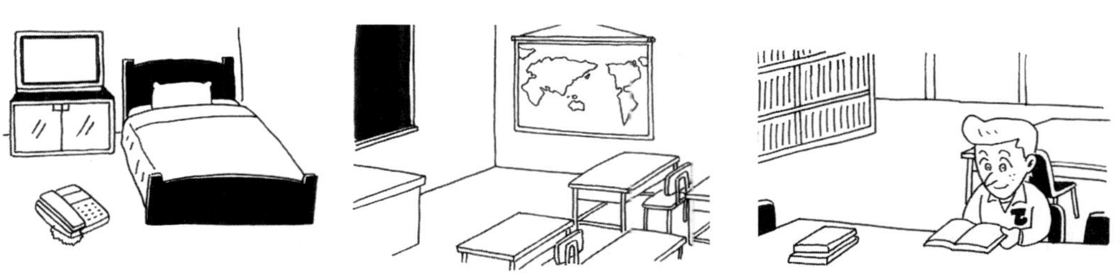

가 : 방에 침대가 있습니까?

나 : 네, 침대가 있습니다.

1 가 : 교실에 칠판과 지도가 있습니까?

　　나 : _______________________________

2 가 : 도서관에 책상과 의자가 있습니까?

　　나 : _______________________________

3 가 : 방에 전화가 없습니까?

　　나 : _______________________________

4 가 : 방에 텔레비전이 있습니까?

　　나 : _______________________________

5 가 : 도서관에 학생이 없습니까?

　　나 : _______________________________

1 그림을 보고 쓰십시오.

1 (책상) 교실에 책상이 있습니다.

2 (책)

3 (시계)

4

5

6

그림 1	그림 2
방에 책상과 침대가 있습니다.	방에 책상과 침대가 있습니다.
창문이 없습니다.	창문이 있습니다.
옷장이 있습니다.	
책상에 책과 시계가 (　　　　　).	
책상에 컴퓨터가 (　　　　　).	
의자가 있습니다.	
전화 (　　　　　).	
가방 (　　　　　).	

4. 책상 위에 연필이 있습니다.

KEYPoint

단원의 **학습목표**   1. 사물의 위치를 표현한다.
2. 격식체 평서, 의문 표현의 구조를 안다.

Dialogue

저는 한국어를 배웁니다.

칠판 앞에 선생님이 있습니다.

제 앞에 마이클 씨와 유강 씨가 있습니다.

책상 위에 무엇이 있습니까?

책상 위에 한국어 책과 연필이 있습니다.

식당이 어디에 있습니까?

도서관 옆에 식당이 있습니다.

배우다
앞
선생님
위
연필
식당
도서관
옆

⑦ 알아 봅시다.

1   칠판 앞에 누가 있습니까?
2   식당이 어디에 있습니까?

발 음

배웁니다[배움니다]   앞에[아페]
무엇이[무어시]   연필이[연피리]
식당[식땅]   옆에[여페]

1

N 위, 아래[밑], 앞, 뒤, 옆

자동차 앞에 나무가 있습니다.

자동차 뒤에 아이가 있습니다.

자동차 위에 가방이 있습니다.

자동차 밑에 공이 있습니다.

자동차 옆에 자전거가 있습니다.

2

무엇   누구   어디   언제

이것이 무엇입니까?

유강 씨는 누구를 좋아합니까?

한국어 책은 어디에 있습니까?

마이클 씨는 언제 식사를 합니까?

1

V- ㅂ니다 / 습니다

| 가다 | 가 | | ㅂ니다 | | 갑니다 |
| 먹다 | 먹 | + | 습니다 | → | 먹습니다 |

저는 한국어를 배웁니다. — I'm studying Korean.

유강 씨는 중국 사람입니다. — Yugang is a Chinese.

선생님이 책을 읽습니다. — Teacher is reading a book.

책상 위에 가방이 있습니다. — There is a bag on the desk.

2

V- ㅂ니까 / 습니까?

| 오다 | 오 | | ㅂ니까 | | 옵니까 |
| 읽다 | 읽 | + | 습니까 | → | 읽습니까 |

이름이 무엇입니까?   What is your name?

유강 씨가 우유를 좋아합니까?   Does Yugang like milk?

마이클 씨가 책을 읽습니까?   Is Mike reading a book?

식당이 어디에 있습니까?   Where is the restaurant?

3

N 을 / 를

나오미가 텔레비전을 봅니다.   Naomi is watching TV.

저는 밥을 먹습니다.   I'm eating breakfast.

마이클 씨는 영어를 가르칩니다.   Mike is teaching English.

저와 유강 씨는 커피를 마십니다.   Yugang and I are drinking coffee.

1

	ㅂ니다 / 습니다	ㅂ니까 / 습니까?
먹다	먹습니다	먹습니까?
사다	삽니다	
많다		많습니까?
읽다	읽습니다	
가르치다		
앉다	앉습니다	
공부하다	공부합니다	

2

나오미는 민수(을 , (를)) 기다립니다.

1 유강은 구두(을 , 를) 삽니다.

2 민수는 밥(을 , 를) 먹습니다.

3 마이클은 한국어(을 , 를) 가르칩니다.

4 유강은 한국어 책(을 , 를) 읽습니다.

3

영화, 보다 ➡ <u>영화를 봅니다.</u>

1 사과, 먹다   ➡ _______________________

2 책, 읽다   ➡ _______________________

3 한국어, 가르치다   ➡ _______________________

4 신문, 보다   ➡ _______________________

위   아래   앞   뒤   옆

책상 <u>앞</u>에 칠판이 있습니다.

1 

나무 _______ 에 차가 있습니다.

2

의자 _______ 에 가방이 있습니다.

3 

탁자 _______ 에 컵이 있습니다.

4 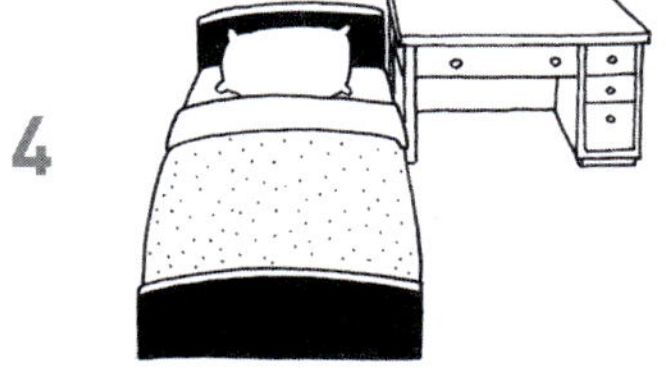

책상 _______ 에 _______ 이 / 가 있습니다.

책상 밑에 가방이 있습니다.

1

2

3

4

Activity 활동

1 그림을 보고 쓰십시오.

민수는 도서관에 있습니다.

책상 _______ 에 _________ 와 / 과 _________ 이 / 가 있습니다.

의자 _______ 에 ___________ 이 / 가 있습니다.

민수는 _________ 을 / 를 봅니다. 민수 _______ 에 제임스가 있습니다.

제임스는 _________ 을 / 를 ___________.

책꽂이 _______ 에 나오미가 있습니다.

나오미는 _______________________________.

나오미는 식당에 있습니다.

동사 I

걷다

뛰다

앉다

서다

읽다

쓰다

보다

듣다

먹다

마시다

자다

일어나다

5. 유강은 영화관에 갑니다.

단원의 **학습목표**　　1. 이동 동사의 문장 구조를 안다.
　　　　　　　　　　　2. 여러 장소에 어울리는 행동을 표현한다.

Dialogue

Word

가다

영화관

영화

보다

맞은편

한식당

불고기

냉면

맛있다

오늘 유강은 영화관에 갑니다.

영화관 앞에서 나오미를 만납니다.

유강은 나오미와 영화관에서 영화를 봅니다.

영화관 맞은편에 한식당이 있습니다.

유강과 나오미는 식당에 갑니다.

식당에서 불고기를 먹습니다. 냉면도 먹습니다.

불고기와 냉면이 맛있습니다.

? 알아 봅시다.

1 오늘 유강 씨는 어디에 갑니까?
2 어디에 식당이 있습니까?
3 무엇을 먹습니까?

발 음

맞은편 [마즌편] 앞에서 [아페서]

영화관에서 [영화과네서] 대학교 [대학꾜]

맛있습니다 [마시씀니다] 먹습니다 [먹씀니다]

1

N 맞은편, 오른쪽 / 왼쪽

식당 맞은편에 우체국이 있습니다.

버스 정류장 맞은편에 옷가게가 있습니까?

식당 오른쪽에 서점이 있습니다.

서점 왼쪽에 식당이 있습니다.

2

맛있다 / 맛없다

불고기가 맛있습니다.

이 식당은 반찬이 맛없습니다.

3

장소

식당	서점	가게	백화점	우체국
회사	은행	영화관	학교	병원

1

N 에서

서점에서 책을 삽니다.	I'm buying a book at the bookstore.
도서관에서 공부를 합니다.	I'm studying at the library.
여기에서 친구를 만납니다.	I'm meeting a friend here.
방 안에서 음악을 듣습니다.	I'm listening to music in the room.

2

N 에 가다 / 오다 / 다니다

마이클이 식당에 갑니다.	Mike is going to the restaurant.
선생님이 교실에 옵니다.	Teacher is coming to the classroom.
저는 학교에 다닙니다.	I go to school.
마이클은 회사에 다닙니다.	Mike works at acompany.

3

N 도

책이 있습니다. 연필도 있습니다.   There is a book. There is also a pencil.

수미가 영화를 봅니다. 민지도 영화를 봅니다.

Sumi is watching a movie. Minji is also watching a movie.

민수가 밥을 먹습니다. 빵도 먹습니다.

Minsu is eating rice. He is also eating bread.

영수가 학교에 갑니다. 서점에도 갑니다.

Youngsu is going to school. He is also going to libray.

4

N 의 N

이것은 저의 책상입니다.   This is my desk.

한국의 산은 아름답습니다.   Korean mountains are beautiful.

선생님의 가방은 예쁩니다.   Teacher's bag is pretty.

백화점에서 친구의 선물을 삽니다.

I'm buying a present for my friend at the department store.

1

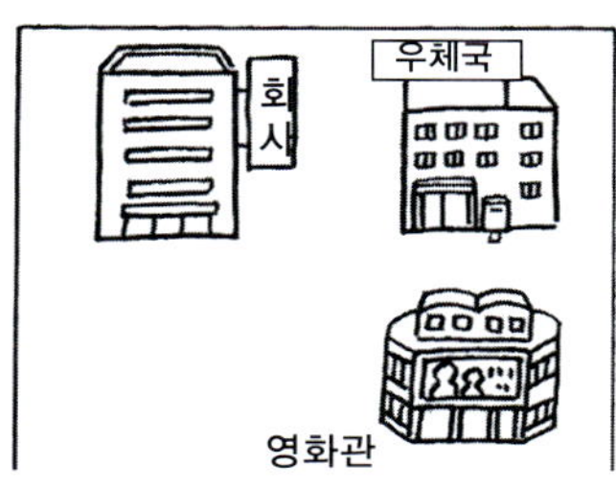

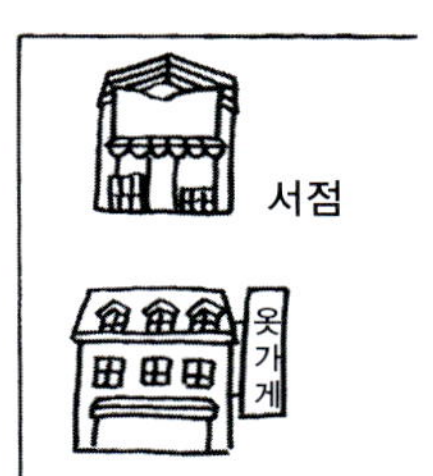

(왼쪽, 오른쪽, 맞은편)

가 : 은행은 어디에 있습니까?

나 : 은행은 식당 <u>오른쪽</u>에 있습니다.

1 가 : 백화점은 어디에 있습니까?

　　나 : 백화점은 서점 ＿＿＿＿＿＿ 에 있습니다.

2 가 : 우체국은 어디에 있습니까?

　　나 : 우체국은 회사 ＿＿＿＿＿＿ 에 있습니다.

3 가 : 학교는 어디에 있습니까?

　　나 : 학교는 병원 ＿＿＿＿＿＿ 에 있습니다.

4 가 : 옷가게는 어디에 있습니까?

　　나 : ____________________________________

5 가 : 은행은 어디에 있습니까?

　　나 : ____________________________________

돈, 찾다

➡ 은행에서 돈을 찾습니다.

1 식당, 점심, 먹다 ➡ ____________________________________

2 서점, 책, 사다 ➡ ____________________________________

3 우체국, 편지, 보내다 ➡ ____________________________________

4 커피숍, 커피, 마시다 ➡ ____________________________________

5 학교, 한국어, 배우다 ➡ ____________________________________

책이 있습니다 (가방) ➡ 책이 있습니다. 가방도 있습니다.

1 책을 읽습니다 (신문)

➡ ______________________________

2 중국어를 배웁니다 (한국어)

➡ ______________________________

3 미국에 갑니다 (일본)

➡ ______________________________

4 다나카는 일본 사람입니다 (나오코)

➡ ______________________________

1 표를 보고 쓰십시오.

	어디에서	무엇을 합니까?
1	한국대학교	한국어를 배우다
2	교실	친구를 만나다
3	식당	밥을 먹다
4	도서관	공부를 하다

내 이름은 유강입니다. 나는 중국 사람입니다.

저는 ____________ 다닙니다. 한국대학교에서 ____________________.

교실에 친구들이 있습니다. ____________ 친구를 만납니다.

학교 옆에 식당이 있습니다. 식당에서 ____________________.

도서관에 갑니다. ____________________________________.

그림을 보고 쓰십시오.

나는 커피숍에 갑니다. 커피숍에서 친구를 만납니다.

우리는 커피를 마십니다. 커피가 맛있습니다.

6. 집이 몇 호입니까?

단원의 **학습목표**   1. 기본적인 문장의 연결 구조를 이해한다.
2. 숫자를 익히고 사물의 수량을 표현한다.

Dialogue

오늘은 유강의 생일입니다.	오늘
친구 세 명이 유강의 집에 갑니다.	생일
유강의 집은 아파트이고 5 층에 있습니다.	명
516 호입니다.	층
	호
	집
"유강 씨, 생일을 축하합니다!"	아파트
친구들이 유강의 생일을 축하하고 노래를 부릅니다.	축하하다
	노래
	부르다
그리고 생일 선물을 주고 케이크와 음식을 먹습니다.	선물
	케이크
	음식
	주다

⑦ 알아 봅시다.

1 오늘은 누구의 생일입니까?
2 유강의 집은 몇 호입니까?
3 친구들은 무엇을 합니까?

발 음

집에 [지베]
있습니다 [이씀니다]
축하합니다 [추카함니다]

갑니다 [감니다]
516 호 [오백심뉴코]

① 숫자 1 (한자어)

0	1	2	3	4	5	6	7	8	9
영/공	일	이	삼	사	오	육	칠	팔	구
10	11	12	13	14	15	16	17	18	19
십	십일	십이	십삼	십사	십오	십육	십칠	십팔	십구
20	30	40	50	60	70	80	90	100	1000
이십	삼십	사십	오십	육십	칠십	팔십	구십	백	천

② 숫자 2 (고유어)

0	1	2	3	4	5	6	7	8	9
영/공	하나 (한)	둘 (두)	셋 (세)	넷 (네)	다섯	여섯	일곱	여덟	아홉
10	11	12	13	14	15	16	17	18	19
열	열하나 (열한)	열둘 (열두)	열셋 (열세)	열넷 (열네)	열다섯	열여섯	열일곱	열여덟	열아홉
20	30	40	50	60	70	80	90	100	1000
스물 (스무)	서른	마흔	쉰	예순	일흔	여든	아흔	백	천

1

V-고 [그리고]

책상 위에 꽃병이 있습니다. 가방도 있습니다.

➡ 책상 위에 꽃병이 있고 가방도 있습니다.

There are a vase and a bag on the desk.

수미가 커피를 마십니다. 그리고 영호가 우유를 마십니다.

➡ 수미가 커피를 마시고 영호가 우유를 마십니다.

Sumi drinks coffee and Youngho drinks milk.

친구 생일에 노래를 부르고 선물도 주었습니다.

I gave a present and sang a song on my friend's birthday party.

나는 어제 저녁을 먹고 영화도 보았습니다.

I had dinner and saw a movie yesterday.

2

N 이고

나는 학생입니다. 그리고 저분은 선생님입니다.

➡ 나는 학생이고 저분은 선생님입니다. I'm a student and he is a teacher.

이것은 의자이고 저것은 책상입니다. This is a chair and that is a desk.

3

N 들

학생들이 공부합니다.

Students are studying.

어제 친구들을 만났습니다.

I met friends yesterday.

4

숫자 읽기

전화	640-3678	육사공의 삼육칠팔
층	12 층	십이 층
버스	203 번	이백삼 번
호	1072 호	천칠십이 호

5 사물 세기

사과 가방 의자	한 두 세	개	사람 학생 남자	아홉 열 열한	명
책 공책	네 다섯	권	토끼 개	열두 열세	마리
종이 사진 영화표	여섯 일곱 여덟	장	주스 맥주	열네 열다섯	병

Exercise  연습

1

수미가 노래를 부릅니다. 그리고 철수가 춤을 춥니다.

➡ <u>수미가 노래를 부르고 철수가 춤을 춥니다.</u>

1 저는 영어를 배웁니다. 그리고 민수는 중국어를 배웁니다.

➡ _______________________________

2 민지는 텔레비전을 봅니다. 그리고 은지는 라디오를 듣습니다.

➡ _______________________________

3 우리 가족은 네 명입니다. 그리고 수미의 가족은 다섯 명입니다.

➡ _______________________________

4 저는 점심에 빵을 먹습니다. 그리고 저녁에 밥을 먹습니다.

➡ _______________________________

2

가 : 사과가 몇 개입니까?

나 : (12) <u>열두 개입니다.</u>

1 학생이 몇 명입니까?

➡ (20) ____________________

2 책이 몇 권입니까?

➡ (4) ____________________

3 식당이 몇 층입니까?

➡ (7) ____________________

4 기숙사가 몇 호입니까?

➡ (1305) ____________________

우체국은 <u>이오오</u>의 <u>팔오육공</u>입니다.

전화번호

우체국  255-8560

병 원 ☎ 814-9733

서 점 ☎ 231-5304

은 행 ☎ 910-3276

학 교 ☎ 745-8500

1 병원은 _________________________________ 입니다.

2 서점은 _________________________________ 입니다.

3 은행은 _________________________________ 입니다.

4 학교는 _________________________________ 입니다.

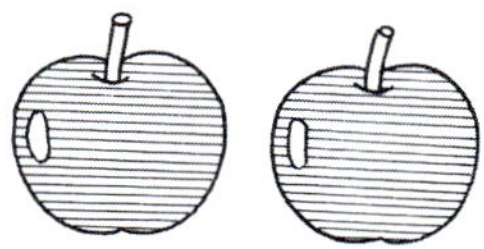

사과, 있다

사과 두 개가 있습니다.

1 

책, 읽다

➡ ______________________________________

2 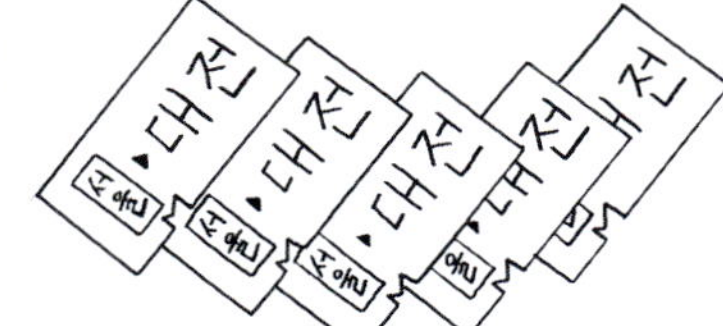

기차표, 사다

➡ ______________________________________

3 

개, 있다

➡ ______________________________________

4 

맥주, 마시다

➡ ______________________________________

5 

학생, 오다

➡ ______________________________________

5

하나 ➡ 둘 ➡ __________ ➡ __________ ➡ 다섯
⬇
열 ⬅ __________ ⬅ __________ ⬅ 일곱 __________
⬇
열하나 ➡ __________ ➡ __________ ➡ 열넷 __________
⬇
__________ ⬅ 열아홉 ⬅ __________ ⬅ __________ ⬅ 열여섯

1 표를 보고 쓰십시오.

이름	마이클	제 이름은 마이클입니다.
집	한국아파트 516 호	저의 집은 한국아파트 오백십육 호입니다. 5 층에 있습니다.
전화	010-123-4567	전화는 공일공 (의) 일이삼의 사오육칠입니다.

이름	나오미	
집	기숙사 1207 호	
전화	010-875-1928	

이름		
집		
전화		

그림을 보고 쓰십시오.

학교 앞에 서점이 있습니다.

서점에서 (   )을 / 를 삽니다.

서점 옆에 우체국이 있습니다.

우체국에서 (   )와 / 과 (   )을 / 를 삽니다.

그리고 우체국에서 편지를 보냅니다.

과일 가게에 갑니다.

(   ) 귤 세 개와 (   ).

과일 가게 맞은편에 슈퍼마켓이 있습니다.

슈퍼마켓에서(   ).

가게

미용실

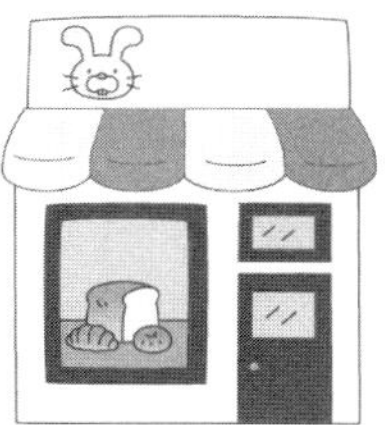

빵집

백화점

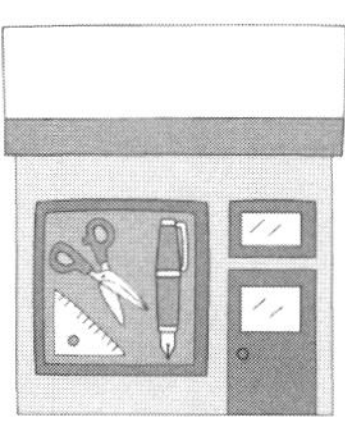

문방구

커피숍

과일가게

생선가게

정육점

채소가게

술집

꽃집

편의점

7. 마이클은 아침 6시에 일어났습니다.

단원의 **학습목표**   1. 시간과 요일 표현을 익힌다.
2. 과거의 행위를 표현한다.

Dialogue

마이클은 아침 6 시에 일어났습니다.

그리고 운동장에서 축구를 했습니다.

마이클은 아침을 먹고 9시 30분에 학교에 갔습니다.

오전 10 시부터 오후 3 시까지 한국어를 공부했습니다.

그리고 오후 4 시에 친구를 만났습니다.

친구와 함께 식당에 갔습니다.

한국 식당에서 저녁을 먹었습니다.

음식이 맛있었습니다.

Word

아침
일어나다
운동장
축구
오전
오후
함께
저녁

⑦ 알아 봅시다.

1 마이클은 몇 시에 학교에 갔습니까?
2 몇 시에 친구를 만났습니까?
3 어디에서 저녁을 먹었습니까?

발 음

일어났습니다 [이러나씁니다]   한국어 [한구거] [항구거]
식당 [식땅]   먹었습니다 [머거씁니다]

1

시간

1시　2시　3시　4시　5시　6시　……　10시　11시　12시
한 시　두 시　세 시　네 시　다섯 시　여섯 시　　　열 시　열한 시　열두 시

5분　10분　20분　30분　40분　50분
오 분　십 분　이십 분　삼십 분　사십 분　오십 분

2:05　두 시 오 분	6:20　여섯 시 이십 분
8:30　여덟 시 삼십 분	9:45　아홉 시 사십오 분
여덟 시 반	
10:50　열 시 오십 분	12:00　열두 시
열한 시 십 분 전	열두 시 정각

2

요일

월요일　　　화요일　　　수요일　　　목요일

금요일　　　토요일　　　일요일

1

N 에

오후 5 시에 친구를 만납니다.　I'm meeting a friend at 5 pm.

어제 저녁 7 시에 극장에 갔습니다.　I went to the theater at 7 pm yesterday.

밤에 음악을 듣습니다.　I'm listening to the music in the evening.

월요일에 시험이 있습니다.　I have an exam on Monday.

2

N 부터 N 까지

월요일부터 금요일까지 수업이 있습니다.

I have classes from Monday to Friday.

오전 9 시부터 오후 5 시까지 도서관에서 공부를 합니다.

I'm studying from 9 am to 5 pm at the library.

아침부터 저녁까지 회사에서 일합니다.

I work from morning to evening at a company.

10 시부터 12 시까지 책을 읽습니다.　I read a book from 10 to 12.

3

V- 았 / 었 / 였 -

많다	: 많			➡	많았습니다
만나다	: 만나	+	았습니다	➡	만났습니다
오다	: 오			➡	왔습니다

먹다	: 먹			➡	먹었습니다
배우다	: 배우	+	었습니다	➡	배웠습니다
다니다	: 다니			➡	다녔습니다

| 공부하다 | : 공부하 | + | 였습니다 | ➡ | 공부했습니다 |

오늘 도서관에 학생이 많았습니다.

Today, there were many students at the library.

나는 오후에 시내에 갔습니다.

I went downtown in the afternoon.

나오미는 어제 한국 음식을 먹었습니다.

Naomi ate Korean food yesterday.

나는 고향에서 학교에 다녔습니다.

I went to school in my hometown.

나는 마이클 씨와 함께 시내에서 쇼핑을 했습니다.

Mike and I went shopping at downtown.

1

세 시 십오 분

1 

____

2 

____

3 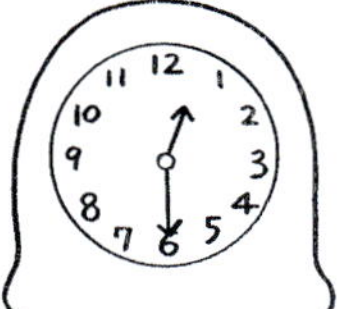

____

4 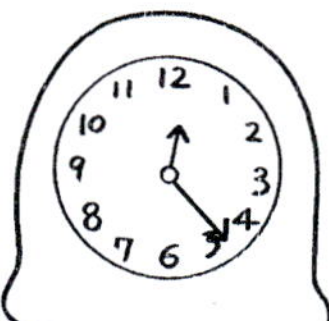

____

5 

____

2

에　　　부터　　　까지

나는 아침 6 시에 공원에서 운동을 합니다.

1 유강은 밤 12 시 ＿＿＿＿＿ 잠을 잡니다.

2 민수는 오후 3 시 ＿＿＿＿＿ 5 시 ＿＿＿＿＿ 축구를 했습니다.

3 선생님은 저녁 6 시 ＿＿＿＿＿ 집에 갑니다.

4 정오부터 오후 1 시 ＿＿＿＿＿ 점심시간입니다.

5 나오미는 어제 저녁 ＿＿＿＿＿ 영화를 봤습니다.

	았 / 었 / 였습니다	았 / 었 / 였습니까?
살다	살았습니다	
만나다		
운동하다		운동했습니까?
읽다	읽었습니다	
배우다		배웠습니까?
열다		
숙제하다		

4

<u>오전 아홉 시부터 오후 두 시까지 한국어를 공부했습니다.</u>

9:00 ~ 14:00	한국어를 공부하다
14:00	친구를 만나다
14:00 ~ 15:30	이야기를 하다
16:00	영화관에 가다
16:45 ~ 19:15	영화를 브다
19:30	저녁을 먹다

1 오후 두 시에 _______________________________

2 _______________________ 친구와 함께 이야기를 했습니다.

3 _______________________________

4 _______________________________

5 _______________________________

Activity 활동

1 표를 보고 시간을 쓰십시오.

◁ 수업 시간표 ▷

	시간	월요일	화요일	수요일	목요일	금요일
1	9:00~9:50					
2	10:00~10:50	한국어 회화	한국어 회화	한국어 회화	한국어 회화	한국어 회화
3	11:00~11:50	한국어 회화	한국어 회화	한국어 회화	한국어 회화	한국어 회화
4	12:00~13:00	점심 시간				
5	13:00~13:50	한국어 읽기			한국어 읽기	
6	14:00~14:50	한국어 읽기	한국어 쓰기	한국어 쓰기	한국어 읽기	
7	15:00~15:50		한국어 쓰기	한국어 쓰기		

1 월요일부터 금요일까지 '한국어 회화' 수업이 있습니다.

수업 시간은 ___________ 부터 ___________ 까지입니다.

2 ___________ 부터 점심 시간입니다.

3 월요일과 목요일에 ___________ 부터 ___________ 까지 '한국어 읽기' 수업이 있습니다.

4 화요일과 수요일은 ___________ 에 수업이 끝납니다.

5 월요일부터 목요일까지 네 시간 수업이 있고, 금요일에는 ___________ 시간 수업이 있습니다.

그림을 보고 쓰십시오.

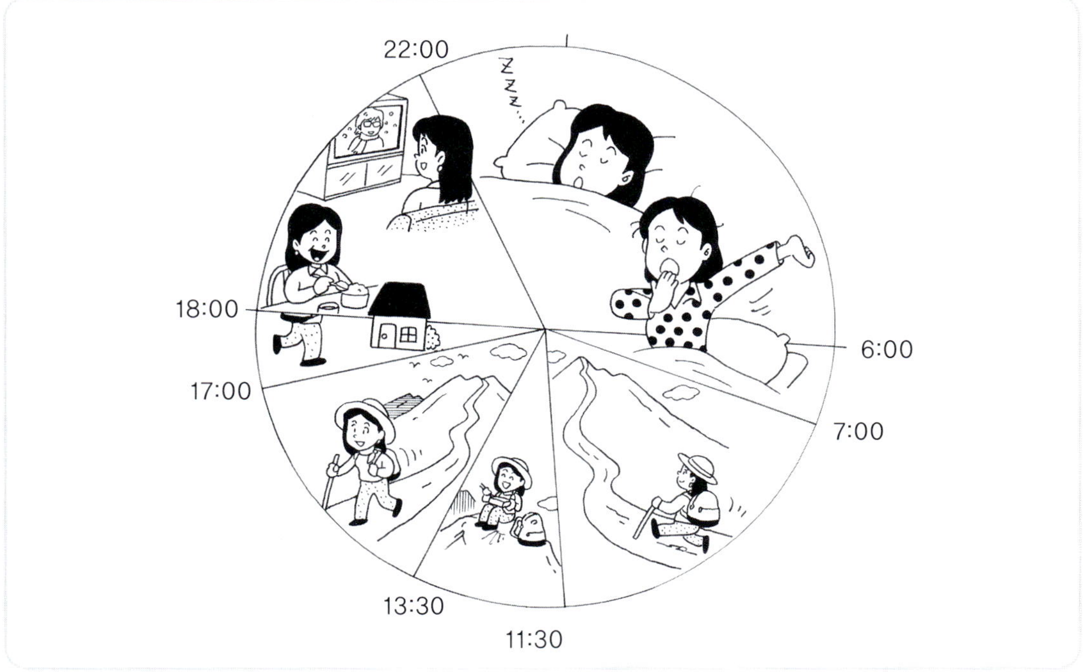

나오미는 지난 일요일에 등산을 했습니다. 아침 여섯 시에 일어났습니다.

나오미는 오전 일곱 시부터   산에 올라갔습니다.

배가 고팠습니다. 오후 한 시 반까지   .

                                                           .

오후 다섯 시에 집에 갔습니다. 아주 피곤했습니다.

                                                           .

                                                           .

8. 나오미는 안 왔습니다.

KEYPoint

단원의 **학습목표**
1. 날짜 관련 표현을 익힌다.
2. 동작의 진행과 미래 표현을 익힌다.
3. 행위에 대한 부정적인 상황을 표현한다.

Dialogue

Word

백화점

바지

월

일

기다리다

전화를 하다

지금

미안하다

수미는 이번 주 일요일에 백화점에 갈 것입니다.

백화점에서 바지를 살 것입니다.

3시에 백화점 앞에서 나오미를 만날 것입니다.

오늘은 6월 9일 일요일입니다.

수미는 백화점 앞에서 나오미를 기다리고 있습니다.

나오미는 안 왔습니다. 수미는 전화를 하고 있습니다.

"나오미 씨, 지금 어디입니까?"

"네, 버스 안입니다. 가고 있습니다. 미안합니다"

⑦ 알아 봅시다.

1 오늘은 몇 월 며칠입니까?
2 수미는 무엇을 하고 있습니까?
3 수미는 오늘 무엇을 살 겁니까?

발 음

6월 [유월]　　　　　　일요일 [이료일]

백화점 [배콰점]　　　　앞에서 [아페서]

안입니다 [아님니다]　　미안합니다 [미아남니다]

1

날짜 1

그저께	어제	오늘	내일	모레
지난주		이번 주		다음 주
지난달		이번 달		다음 달
작년		올해		내년

오늘은 수요일입니다. 내일은 목요일입니다.

이번 주부터 다음 주까지 방학입니다.

지난달은 3 월이고 다음 달은 5 월입니다.

올해는 2007 년이고 내년은 2008 년입니다.

2

날짜 2

1 월	2 월	3 월	4 월	5 월	6 월
일월	이월	삼월	사월	오월	유월

7 월	8 월	9 월	10 월	11 월	12 월
칠월	팔월	구월	시월	십일월	십이월

1 일	2 일	3 일	4 일	5 일	6 일	7 일	8 일	9 일	10 일
일일	이일	삼일	사일	오일	육일	칠일	팔일	구일	십일

11 일	12 일	13 일	…	19 일	20 일	…	29 일	30 일	31 일
십일일	십이일	십삼일	…	십구일	이십일	…	이십구일	삼십일	삼십일일

5 월 5 일은 어린이날입니다.

10 월 9 일은 한글날입니다.

7 월 30 일에 한국에 왔습니다.

12 월 25 일은 크리스마스입니다.

1

AV-고 있다

학생들이 교실에서 공부하고 있습니다.

Students are studying in the classroom.

나오미는 요즘 수영을 하고 있습니다.

Naomi is taking a swimming class thesedays.

마이클은 지금 음악을 듣고 있습니다.　Mike is listening to music now.

민수는 아침부터 지금까지 텔레비전을 보고 있습니다.

Minsu is watching TV from morning till now.

2

안 / V-지 않다

사다	안 삽니다	사지 않습니다
읽다	안 읽습니다	읽지 않습니다
하다	안 합니다	하지 않습니다
공부하다	공부 안 합니다	공부하지 않습니다

일요일에 학교에 안 갑니다.　I don't go to school on Sunday.

토요일에도 가지 않습니다.　　　　　I don't go to school on saterday, either.

이 책을 읽었습니까?　　　　　Did you read this book?

– 아니요, 읽지 않았습니다.　　　　　No, I didn't.

한국어를 공부합니까?　　　　　Are you studying Korean?

– 아니요, 공부 안 합니다.　　　　　No, I'm not.

3

V-(으)ㄹ 것입니다 [-(으)ㄹ 겁니다]

다음 달에 친구가 한국에 올 것입니다.

My friend is coming to Korea next month.

오늘 저녁에 저는 불고기를 먹을 겁니다.　　　　　I'll eat bulgogi tonight.

이번 주 일요일에 도서관에 갈 것입니다.　　　　　I'm going to the library on Sunday.

저는 내일부터 아침마다 운동을 할 겁니다.

I'm going to exercise every morning from tomorrow.

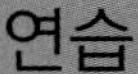

1

책을 읽고 있습니다.

1 

____

2 

____

3 

____

4 

____

5 

____

가 : 신문을 읽습니까?

나 : <u>아니요, 신문을 안 읽습니다.</u>

<u>아니요, 신문을 읽지 않습니다.</u>

1

가 : 학교에 갑니까?

나 : 아니요, ___________________

아니요, ___________________

2

가 : 잠을 잡니까?

나 : ___________________

____

3

가 : 사진을 찍습니까?

나 : ___________________

____

4

가 : 공부를 합니까?

나 : ___________________

____

5

가 : 가방이 큽니까?

나 : ________________________

____

3

> 다음 달, 여행, 하다 ➡ <u>다음 달에 여행을 할 것입니다.</u>

1 이번 주 일요일, 친구 집, 가다

➡ ________________________

2 오늘 저녁, 영화, 보다

➡ ________________________

3 이번 여름 방학, 책 5 권, 읽다

➡ ________________________

4 내일, 친구들, 함께, 점심, 먹다

➡ ________________________

3월 31일, 한국에 가다

➡ <u>삼월 삼십일일에 한국에 갈 겁니다.</u>

1 9월 5일, 친구들을 만나다

➡ ____

2 10월 8일, 가족들과 저녁을 먹다

➡ ____

3 5월 19일 ~ 26일, 친구들과 여행을 하다

➡ ____

4 7월 14일 ~ 8월 30일, 아르바이트를 하다

➡ ____

1 읽고 쓰십시오.

오늘은 10 월 11 일 수요일입니다.

유강은 월요일부터 목요일까지 한국어를 배우고 있습니다.

다음 주 수요일에 시험이 있습니다.

오늘부터 유강은 열심히 공부할 겁니다.

그리고 다음 주 금요일은 유강의 생일입니다.

학교 앞 식당에서 친구들과 함께 점심을 먹을 겁니다.

그리고 오후 5 시에 영화관에 갈 겁니다.

1 오늘은 몇 월 며칠입니까?

➡ ____

2 유강은 언제 한국어를 배웁니까?

➡ ____

3 유강의 생일은 몇 월 며칠입니까?

➡ ____

4 유강의 생일에 무엇을 할 겁니까?

➡ ____

8 월

일	월	화	수	목	금	토
5	6	7 오후 4 시 영화관	8	9	10	11 등산
12	13 도서관	14	15 오늘 도서관	16	17	18 민수 생일 파티
19	20 도서관	21 오전 10시 시험	22	23	24	25 등산

오늘은   수요일입니다.

영희는 지난주 화요일에   고,

지난주 토요일에는   .

이번 주 월요일에   , 오늘도 도서관에 갑니다.

이번 주 토요일은 민수의 생일입니다.   .

영희는 다음 주 월요일에   .

           .

9. 마이클은 김치를 먹을 수 있습니다.

단원의 **학습목표**   1. 일상 생활에 관한 기본적인 표현을 익힌다.
2. 행위에 대한 능력 유무를 표현한다.

Dialogue

한국 사람들은 김치를 좋아합니다.

마이클도 김치를 좋아합니다.

김치는 맵지만 맛있습니다.

마이클은 김치를 먹을 수 있습니다.

가끔 강수미 씨는 마이클에게 김치를 줍니다.

마이클은 불고기도 좋아합니다.

자주 식당에서 불고기를 먹습니다.

마이클의 집에서 식당까지 10 분 걸립니다.

김치
좋아하다
맵다
가끔
자주
걸리다

② 알아 봅시다.

1 한국 사람들은 무엇을 좋아합니까?
2 마이클은 불고기를 먹을 수 있습니까?
3 누가 마이클에게 김치를 주었습니까?

 **발 음**

사람들은 [사람드른]	좋아합니다 [조아함니다]
먹을 [머글]	마이클의 [마이크레]
집에서 [지베서]	

1

걸리다

집에서 학교까지 5분 걸립니다.

부산에서 서울까지 비행기로 한 시간 걸립니다.

이번 숙제는 오래 걸리지 않았습니다.

2

가끔 / 자주

가끔 친구들과 산에 갑니다.

동생에게 가끔 전화합니다.

여름에는 자주 비가 옵니다.

1

N 에게

민수가 나오미에게 꽃을 주었습니다.　　　Minsu gave flowers to Naomi.

내일 선생님이 나에게 전화할 겁니다.　The teacher will give me a call tomorrow.

누구에게 편지를 보낼 겁니까?　　　Who are you sending this letter to?

2

N(으)로

나는 버스로 학교에 갑니다.　　　I go to school by bus.

지하철로 영화관에 갈 겁니까?　　Will you go to the theater by subway?

비행기로 한국에 왔습니다.　　　I came to Korea by airplane.

3

AV-(으)ㄹ 수 있다 / 없다

민수는 중국어를 조금 할 수 있습니다.　　Minsu can speak a bit of Chinese.

동생은 자전거를 탈 수 없습니다.　　My brother cannot ride a bicycle.

지금은 수업 시간이 아닙니다. 전화를 받을 수 있습니다.

This is not class time. You can take a phone call.

116

4

N 에서

나오미 씨는 일본에서 왔습니다.

몇 시에 부산에서 출발할 겁니까?

아침 일찍 집에서 나왔습니다.

Naomi is from Japan.

What time do you leave Busan?

I left home early this morning.

5

N 에서   N 까지

중국에서 한국까지 비행기로 3 시간 걸립니다.

It takes 3 hours from China to Korea.

학교에서 버스 정류장까지 걸어서 5 분 걸립니다.

It takes 5 minutes from school to bus stop.

도서관에서 교실까지 뛰어왔습니다.   I ran to the classroom from the library.

1

> 나 ⇒ 민수, 책, 주다
>
> ➡ <u>나는 민수에게 책을 줍니다.</u>

1 나 ⇒ 친구, 편지, 보내다

➡ ________________________________

2 수미 ⇒마이클, 전화, 하다

➡ ________________________________

3 어머니 ⇒나, 돈, 주다

➡ ________________________________

4 나 ⇒여자친구, 꽃, 선물하다

➡ ________________________________

집, 학교, 버스, 20 분, 걸리다

➡ <u>집에서 학교까지 버스로 20 분 걸립니다.</u>

1 서울, 부산, 기차, 2 시간 40 분, 걸리다

➡ _______________________________________

2 한국, 일본, 비행기, 1 시간 30 분, 걸리다

➡ _______________________________________

3 중국, 한국, 배, 5 시간, 걸리다

➡ _______________________________________

4 집, 가게, 자전거, 10 분, 걸리다

➡ _______________________________________

한국말을 할 수 있습니다

1

2

3

4

에   에서   까지

오후에 친구와 영화관에 갈 겁니다.

1 나는 요즘 병원__________ 다닙니다.

2 수미가 은행__________ 돈을 찾고 있습니다.

3 제 가방 안__________ 사전이 있습니다.

4 우리집__________ 학교__________ 거리가 멉니다.

5 일요일에는 백화점__________ 사람들이 많습니다.

1　읽고 쓰십시오.

나는 자전거를 탈 수 있습니다.

이번 방학에 서울에서 부산까지 자전거 여행을 할 것입니다.

산에 갈 것입니다. 그리고 바다도 구경할 것입니다.

나는 자주 자전거로 학교에 갑니다.

오늘은 아침부터 비가 오고 있습니다.

오늘은 자전거를 타지 않고 버스로 학교에 갈 겁니다.

집에서 학교까지 버스로 15 분 걸립니다.

1　자전거를 탈 수 있습니까?

➡　______________________________

2　이번 방학에 무엇을 할 것입니까?

➡　______________________________

3　오늘은 날씨가 어떻습니까?

➡　______________________________

4　버스로 학교까지 얼마나 걸립니까?

➡　______________________________

2 표를 보고 쓰십시오.

이름	하는 일	할 수 있습니다. (O) 할 수 없습니다. (×)
마이클	김치를 먹다	O
	태권도를 하다	×
친구 ( )	한국 노래를 부르다	
	자전거를 타다	
나		

마이클은 김치를 먹을 수 있습니다.

마이클은 태권도를 할 수 없습니다.

 여행 계획을 쓰십시오.

어디에 갈 겁니까?	
언제 갈 겁니까?	
얼마나 걸립니까?	
누구와 함께 갈 겁니까?	
무엇을 할 겁니까?	

저는 이번 여름 방학에 　　　　　　　　에 여행을 갈 겁니다.

10. 한국어 선생님이 되고 싶습니다.

단원의 **학습목표** 1. 이유와 대조 표현을 익힌다.
2. 자신의 희망을 표현한다.

# Dialogue

<table>
<tr><td>

저는 유강입니다. 중국에서 왔습니다.

한국어를 배우고 싶어서 작년에 한국에 왔습니다.

저는 한국어 선생님이 되고 싶습니다.

지금 한국어를 배우고, 태권도도 배우고 있습니다.

한국어는 재미있지만 아주 어렵습니다.

저는 2년 후에 중국에 돌아갈 겁니다.

고향에서 중국 사람에게 한국어를 가르치고 싶습니다. 그래서 열심히 한국어를 배우고 있습니다.

</td><td>

Word

재미있다
태권도
아주
어렵다
후
돌아가다
고향
열심히

</td></tr>
</table>

? 알아 봅시다.

1. 유강 씨는 어느 나라 사람입니까?
2. 언제 고향에 돌아갈 겁니까?
3. 한국에서 무엇을 하고 있습니까?

 **발 음**

태권도 [태꿘도]	작년 [장년]
9월에 [구워레]	열심히 [열씨미]

1

돌아가다 / 돌아오다

우리는 수업이 끝나고 집에 돌아갑니다.

언제 한국에 돌아올 겁니까?

그 학생은 작년에 고향에 돌아갔습니다.

2

가르치다 / 배우다 

선생님은 한국어를 가르칩니다.

마이클 씨는 한국어를 배우고 있습니다.

사라 씨는 어디에서 한국어를 배웠습니까?

3

정도

아주   매우   정말   대단히   너무

1

N 이 / 가 되다

나는 스무 살에 대학생이 됩니다.　　I'll become a university student at 20.

민수는 가수가 될 겁니다.　　Minsu will become a singer.

우리는 친구가 되었습니다.　　We became a friend.

2

V- 아 / 어 / 여서　[그래서]

오늘은 수업이 많습니다. 그래서 바쁩니다.

 오늘은 수업이 많아서 바쁩니다.　　I have many classes so I'm busy today.

오늘 눈이 와서 아주 추울 겁니다.　　It snowed today so it'll be cold.

한국 영화가 재미있어서 저는 영화관에 자주 갑니다.

Korean movies are good so I often go to the theater.

민수가 방을 청소해서 방이 깨끗합니다.　　Minsu cleaned my room so it's clean.

3

AV- 고 싶다 / 싶어하다

나는 이번 주말에 영화를 보고 싶습니다. I'd like to see a movie this weekend.

유강 씨, 고향의 부모님을 보고 싶습니까?

Yugang, dc you miss your parents back home?

나오미 씨는 제주도를 여행하고 싶어합니다.

Naomi wants to travel around Jeju Island.

누가 불고기를 먹고 싶어합니까? Who wants to eat bulgogi?

4

V- 지만 [그렇지만]

내 동생은 키가 큽니다. 그렇지만 언니는 키가 작습니다.

➡ 내 동생은 키가 크지만 언니는 키가 작습니다.

My younger sister is tall, but my older sister is short.

나는 라면을 좋아합니다. 그렇지만 수미는 라면을 싫어합니다.

➡ 나는 라면을 좋아하지만 수미는 라면을 싫어합니다.

I like Ramen, but Sumi hates Ramen.

나는 아침을 많이 먹었습니다. 그렇지만 동생은 아침을 조금 먹었습니다.

➡ 나는 아침을 많이 먹었지만 동생은 아침을 조금 먹었습니다.

I had a heavy breakfast, but my sister had a light breakfast.

1

가 : 무엇이 되고 싶습니까?

나 : (가수) 가수가 되고 싶습니다.

1 가 : 무엇을 먹고 싶습니까?

나 : (밥)

2 가 : 누구를 만나고 싶습니까?

나 : (친구)

3 가 : 나오미 씨는 어디에 가고 싶어합니까?

나 : (제주도)

4 가 : 언제 고향에 돌아가고 싶습니까?

나 : (내년)

밥을 많이 먹다, 배가 부르다

➡ <u>밥을 많이 먹어서 배가 부릅니다.</u>

1 친구가 떠나다, 섭섭하다

➡ ______________________________

2 김치가 맵다, 많이 먹을 수 없다

➡ ______________________________

3 시간이 없다, 택시를 탔다

➡ ______________________________

4 머리가 아프다, 약을 먹다

➡ ______________________________

3

왜 병원에 갑니까? (배가 아프다)

➡ 배가 아파서 병원에 갑니다.

1 왜 수업에 늦었습니까? (늦잠을 자다)

➡ ______________________________

2 왜 어제 학교에 결석했습니까? (감기에 걸리다)

➡ ______________________________

3 왜 책을 사지 않습니까? (지금 돈이 없다)

➡ ______________________________

4 왜 시내에 나갑니까? (친구와 약속이 있다)

➡ ______________________________

[보기]

김치, 맛있다 - 맵다

➡ 김치는 맛있지만 맵습니다.

1 여행을 하고 싶다 - 바쁘다

➡ _______________________________

2 여름, 덥다 - 겨울, 춥다

➡ _______________________________

3 나, 김치를 좋아하다 - 나오미 씨, 김치를 싫어하다

➡ _______________________________

4 밥을 많이 먹었다 - 배가 고프다

➡ _______________________________

1 읽고 쓰십시오.

나는 나오미입니다. 나는 떡볶이를 좋아합니다.

떡볶이는 맵지만 맛있습니다.

떡볶이가 맛있어서 친구들과 함께 자주 먹습니다.

그렇지만 떡볶이는 매워서 많이 먹을 수 없습니다.

나는 불고기도 좋아합니다. 친구들도 불고기를 좋아해서 내일 친구들과 함께 불고기를 먹을 겁니다.

1 나오미 씨는 무엇을 좋아합니까?

➡ ____

2 왜 떡볶이를 많이 먹을 수 없습니까?

➡ ____

3 내일 무엇을 할 겁니까?

➡ ____

 표를 보고 쓰십시오.

이름	민수	마이클
무엇을 배우고 있습니까?	중국어	태권도
구엇이 되고 싶습니까?	중국어 선생님	태권도 사범
왜?	중국어가 재미있어서	태권도를 가르치고 싶어서

긴 수 : 민수는 중국어 선생님이 되고 싶어합니다.

중국어가 재미있어서 중국어를 배우고 있습니다.

마이클 :

그림을 보고 쓰십시오.

구미호	너는 내 사랑	007 의 모험
11:10	10:30	12:00
02:00	12:30	03:00
04:20	02:40	06:00

1 무슨 영화를 좋아합니까?

2 어떤 영화를 보고 싶습니까?

3 몇 시에 보고 싶습니까?

4 누구와 같이 보고 싶습니까?

나는   을 / 를 좋아합니다.

11. 아버지께서 신문을 읽으십니다.

단원의 **학습목표**
1. 가족과 관련한 표현을 익힌다.
2. 주체 높임의 표현을 이해한다.
3. 현재 관형사형으로 확장된 문장을 구성한다.

Dialogue

오늘은 일요일입니다.	**Word**
	할아버지
할아버지와 할머니께서 소파에서 쉬고 계십니다.	할머니
아버지께서 신문을 읽으십니다.	소파
	쉬다
아버지께서는 대학교에서 역사를 가르치십니다.	계시다
음식을 만드는 사람은 어머니입니다.	아버지
	대학교
어머니께서는 요리를 잘 하십니다.	역사
텔레비전을 보는 사람은 오빠와 여동생입니다.	만들다
	어머니
오빠는 올해 스물여덟 살이고 회사에 다닙니다.	요리
나와 여동생은 대학교에 다닙니다.	오빠
	여동생

② 알아 봅시다.

1 가족이 몇 명입니까?
2 신문을 읽는 사람은 누구입니까?
3 누가 텔레비전을 봅니까?

 **발 음**

할아버지 [하라버지]   읽으십니다 [일그심니다]
올해 [오래]   여덟 [여덜]

1

나이

1	2	3	4	5	…		9	10
한 살	두 살	세 살	네 살	다섯 살	…		아홉 살	열 살
20	30	40	50	60	70	80	90	100
스무 살	서른 살	마흔 살	쉰 살	예순 살	일흔 살	여든 살	아흔 살	백 살

몇 살입니까?

올해 서른두 살입니다.

내년에 스물다섯 살이 됩니다.

2

'ㄹ' 동사

	-고	-아/어서	-ㅂ/습니다	-는
만들다	만들고	만들어서	만듭니다	만드는
살다	살고	살아서	삽니다	사는
울다	울고	울어서	웁니다	우는
열다	열고	열어서	엽니다	여는

3

가족

할아버지　할머니　아버지　어머니　형 / 오빠　누나 / 언니　동생

4

높임말

| 드시다 / 잡수시다 | 주무시다 | 계시다 | 돌아가시다 |
| (먹다) | (자다) | (있다) | (죽다) |

어머니께서 아침을 드십니다 / 잡수십니다.

아버지께서는 주무시고 계십니다.

할아버지께서는 작년에 돌아가셨습니다.

문법과 표현

1

N 께서 V-(으)시-

읽다 보다	읽 보	+	으시 시	+	ㅂ니다 ㅂ니다	→	읽으십니다 보십니다

할아버지께서 의자에 앉으십니다.   Grandfather is sitting in the chair.

아버지께서 회사에 가십니다.   Father is going to work.

어머니께서 저에게 돈을 주셨습니다.   Mother gave me some money.

2

N 께

저는 아버지께 선물을 드립니다.   I gave a present to my father.

할아버지께 인사를 하였습니다.   I said hello to my grandfather.

선생님께 편지를 보냈습니까?   Did you send a letter to the teacher?

3

AV-는 N

불고기를 좋아하는 외국 사람이 많습니다.

There are many foreigners who like bulgogi.

우리가 지금 먹는 음식이 무엇입니까?

What is the name of this food that we are eating?

선생님께서 좋아하시는 노래는 무엇입니까?

What is the teacher's favorite song?

어머니께서 만드시는 음식이 맛있습니다.

The food that mom makes is delicious.

1

14 살 ➡ <u>열네 살</u>

1 20 살 ➡ ___________

2 37 살 ➡ ___________

3 83 살 ➡ ___________

4 42 살 ➡ ___________

5 64 살 ➡ ___________

6 57 살 ➡ ___________

2

할아버지, 신문, 읽다

➡ <u>할아버지께서 신문을 읽으십니다.</u>

1 어머니, 방, 청소하다 ➡ ___________________

2 아버지, 회사, 가다 ➡ ___________________

3 할아버지, 손, 씻다 ➡ ___________________

4 할머니, 음식, 만들다 ➡ ___________________

할아버지가 거실에 있습니다.

➡ 할아버지께서 거실에 계십니다.

1 할머니가 점심을 먹습니다.

➡ ______________________________

2 부모님에게 꽃을 줍니다.

➡ ______________________________

3 아버지가 침대에서 잡니다.

➡ ______________________________

4 선생님이 이야기를 하고 있습니다.

➡ ______________________________

음악, 듣다

➡ <u>음악을 듣는 사람은 마이클입니다.</u>

1 이야기, 하다

➡ ____

2 커피, 마시다

➡ ____

3 신문, 읽다

➡ ____

4 사과, 먹다

➡ ____

5 창문, 열다

➡ ____

1 읽고 쓰십시오.

내 이름은 나오미입니다. 저는 서른네 살이고 한국어를 공부하고 있습니다. 남편은 서른여덟 살이고 회사에 다닙니다. 아들은 유치원에 다니고 다섯 살입니다.

아버지께서는 예순둘이고 어머니께서는 쉰아홉입니다. 일본에 계시는 부모님께서는 모두 건강하십니다.

부모님께서는 꽃이 피는 3월에 한국에 오실 겁니다. 부모님과 함께 제주도 여행을 하고 싶습니다.

1 나오미 씨의 남편은 무엇을 합니까?

　➡ ______________________________________

2 나오미 씨의 부모님께서는 언제 한국에 오실 겁니까?

　➡ ______________________________________

3 가족의 나이를 쓰십시오.

나오미	남편	아들	아버지	어머니
34	( )	( )	( )	( )

2 그림을 보고 쓰십시오.

청소를 하는 사람은 사오리입니다.

 가족을 소개해봅시다

〈가족사진〉

우리 가족은 모두   명입니다.

12. 비가 온 다음 날은 하늘이 맑습니다.

단원의 **학습목표**　1. 날씨와 관련한 표현을 익힌다.
　　　　　　　　　2. 선택과 이유, 과거 관형사형으로 확장된 문장을 구성한다.

Dialogue

어제 비가 왔습니다.

그렇지만 오늘은 비가 오지 않습니다.

오늘 날씨가 아주 좋습니다.

춥거나 덥지 않습니다.

바람이 조금 불어서 시원합니다.

비가 온 다음 날은 하늘이 맑습니다.

오늘 날씨가 좋기 때문에 공원에서 산책하는 사람이 많습니다.

공원에서 도시락을 먹는 사람들도 있습니다.

Word
비가 오다
날씨
춥다
덥다
바람이 불다
시원하다
하늘
좋다
맑다
공원
산책하다
도시락

⑦ 알아 봅시다.

1 어제 날씨가 어떠했습니까?
2 오늘 날씨는 어떻습니까?
3 언제 하늘이 맑습니까?

 발 음

그렇지만 [그러치만]　　　　　맑습니다 [막씀니다]
좋기 때문에 [조키 때무네]　　산책하는 [산채카는]
먹는 [멍는]

1

날씨

눈이 오다	비가 오다	바람이 불다	태풍이 불다
맑다	흐리다	구름이 끼다	안개가 끼다
덥다	춥다	따뜻하다	시원하다

2

좋다

오늘은 날씨가 좋습니다.

시험을 잘 쳐서 기분이 좋습니다.

나는 이 음악이 좋습니다.

Grammar

1

V- 거나 V

마이클은 일요일마다 영화를 보거나 쇼핑을 합니다.

Mike goes to the movies or shopping every Sunday.

저는 걷거나 자전거를 타고 학교에 갑니다.

I either go to school on foot or by bicycle.

2

N(이)나 N

이번 주말에 산이나 바다에 가고 싶습니다.

I'd like to go to the mountains or the beach this weekend.

보통 아침에 커피나 주스를 마십니다.

I usually drink coffee or juice in the morning.

3

AV-(으)ㄴ N

어제 친구와 먹은 불고기는 정말 맛있었습니다.

The bulgogi which I ate with my friend yesterday was delicious.

서점에서 산 책이 재미있습니까?

Was the book that you bought from the bookstore interesting?

부모님께 전화한 시간이 몇 시입니까?　　What time did you call your parents?

4

V- 기 때문에

눈이 많이 왔기 때문에 길이 막힙니다.

There is heavy traffic because of the snow.

친구가 한국에 오기 때문에 공항에 갈 겁니다.

I'm going to the airport because my friend is coming.

숙제가 많기 때문에 바쁩니다.　　I'm busy because of the homework.

5

N 때문에

눈 때문에 길이 막힙니다.　　There is heavy traffic because of the snow.

숙제 때문에 바쁩니다.　　I'm busy because of the homework.

1

➡ <u>집에서 공부를 하거나 텔레비전을 봅니다.</u>

1 

➡ 저녁에 ________________________

2 

➡ 일요일에는 ________________________

3 

➡ ________________________는 날은 지

하철을 탑니다.

4 

➡ ________________________

5 

➡ 이번 주말에 ________________________

(으)ㄹ 겁니다.

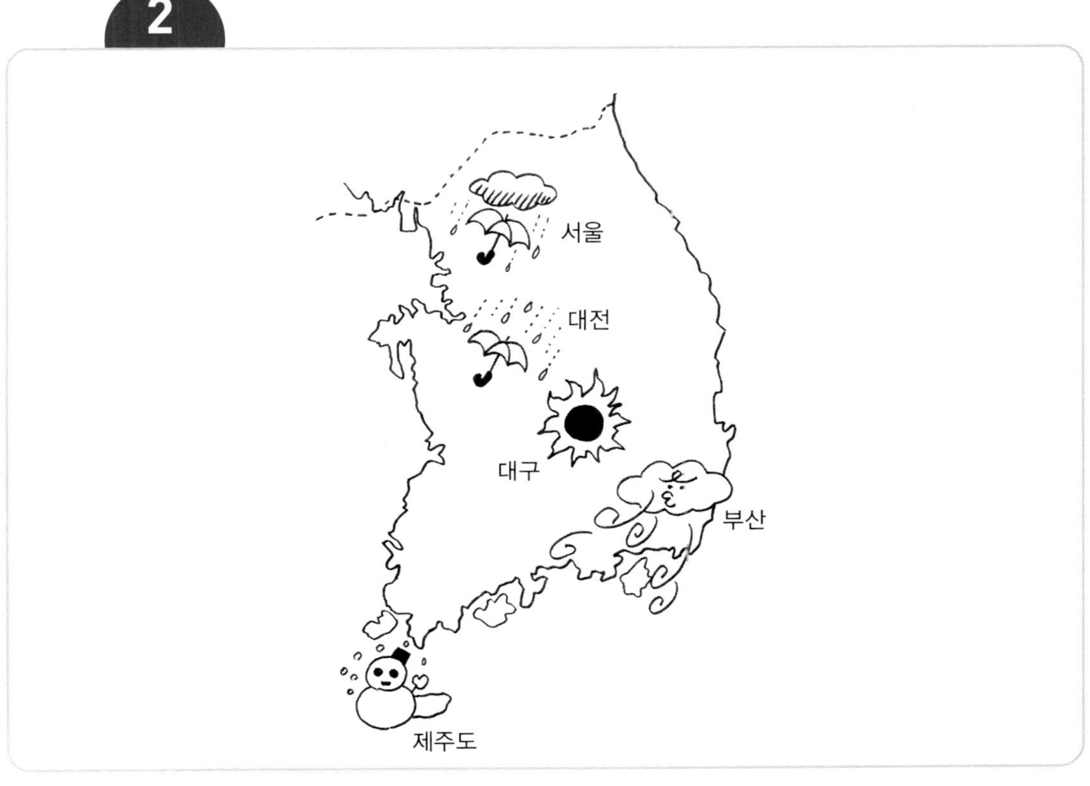

서울
대전
대구
부산
제주도

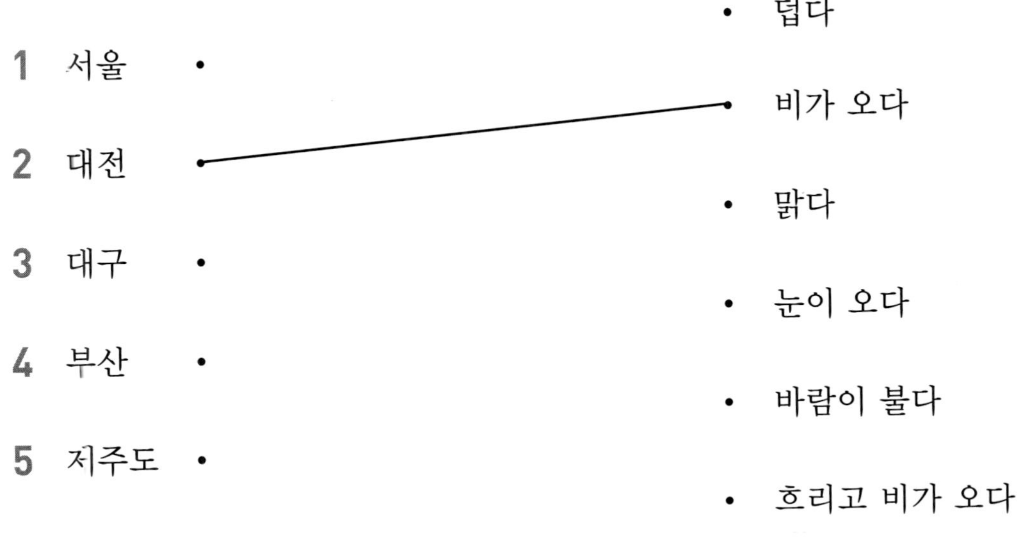

1 서울
2 대전
3 대구
4 부산
5 제주도

덥다
비가 오다
맑다
눈이 오다
바람이 불다
흐리고 비가 오다

어젯밤에 비가 내렸습니다. 그 비가 얼었습니다.

➡ 어젯밤에 내린 비가 얼었습니다.

1 지난주에 책을 빌렸습니다. 그 책을 다 읽었습니다.

➡ ____

2 지난 일요일에 친구를 만났습니다. 그 친구는 마이클입니다.

➡ ____

3 어제 식당에서 비빔밥을 먹었습니다. 그 비빔밥은 매웠습니다.

➡ ____

4 오늘 제가 음식을 만들었습니다. 그 음식은 아주 맛있었습니다.

➡ ____

4

시험, 있다

➡ 다음 주에 <u>시험이 있기 때문에</u> 열심히 공부합니다.

1 손님, 오시다

➡ 오늘 ＿＿＿＿＿＿＿＿＿＿＿＿＿＿＿＿ 음식을 만듭니다.

2 바람, 불다

➡ ＿＿＿＿＿＿＿＿＿＿＿＿＿＿＿＿ 창문을 열지 않습니다.

3 머리, 아프다

➡ ＿＿＿＿＿＿＿＿＿＿＿＿＿＿＿＿ 학교에 갈 수 없습니다.

4 운동하다

➡ 매일 ＿＿＿＿＿＿＿＿＿＿＿＿＿＿＿ 건강합니다.

활동

1 읽고 쓰십시오.

나는 어제 부산 할머니 댁에 갔습니다.

부산은 할머니께서 태어나신 곳입니다.

할머니 댁에 버스를 타거나 기차를 타고 갈 수 있습니다.

어제는 버스를 타고 갔습니다.

어제 날씨가 맑고 더웠습니다.

그래서 할머니와 같이 수박을 먹었습니다.

어제는 할머니를 만났기 때문에 기분이 아주 좋았습니다.

1 어제 날씨가 어떠했습니까?

➡ ____

2 할머니 댁에서 먹은 것은 무엇입니까?

➡ ____

3 할머니께서 태어나신 곳은 어디입니까?

➡ ____

4 왜 기분이 좋았습니까?

➡ ____

 그림을 보고 쓰십시오.

날씨가 덥기 때문에 아이스크림을 먹은 사람은 유강입니다.

유강은 집에서 샤워를 하거나 바다에서 수영을 합니다.

교통수단

버스

자동차

택시

비행기

지하철

자전거

배

기차

오토바이

13. 마실 물을 준비하려고 합니다.

단원의 **학습목표**   1. 동시적인 동작을 표현한다.
         2. 의도, 미래 형식으로 앞으로 일어날 사태를 표현한다.

Dialogue

Word

한국은 사계절이 있습니다.

봄에는 꽃이 피고 가을에는 단풍이 듭니다.

여름에는 비가 오고 겨울에는 눈이 옵니다.

나오미는 내일 설악산에 가려고 합니다.

단풍을 구경하면서 등산하려고 합니다.

단풍이 아름다워서 사진도 찍으려고 합니다.

오늘 오후에는 집에서 내일 먹을 점심과 마실
물을 준비할 겁니다.

Word
사계절
봄
여름
가을
겨울
꽃이 피다
단풍이 들다
설악산
아름답다
준비하다

(?) 알아 봅시다.

1 지금 무슨 계절입니까?
2 내일 어디에 가려고 합니까?
3 무엇을 준비하려고 합니까?

 **발 음**

꽃이 [꼬치]	설악산 [서락산]
찍으려고 [찌그려고]	먹을 [머글]

1

사계절

봄　　　　　여름　　　　가을　　　　　겨울

봄에 꽃이 핍니다.

여름에는 더워서 피서를 갑니다.

가을은 날씨가 맑고 시원합니다.

나는 스키를 탈 수 있어서 겨울을 좋아합니다.

2

'ㅂ' 동사

	-ㅂ/습니다	-지만	-(으)ㄴ	-아/어서
덥다	덥습니다	덥지만	더운	더워서
춥다	춥습니다	춥지만	추운	추워서
쉽다	쉽습니다	쉽지만	쉬운	쉬워서
어렵다	어렵습니다	어렵지만	어려운	어려워서

1

AV-(으)면서

민수는 노래를 부르면서 춤을 춥니다.　Minsu is dancing while he is singing.

나는 텔레비전을 보면서 아이스크림을 먹었습니다.

I ate ice cream watching TV.

친구와 함께 산책을 하면서 이야기를 했습니다.

I talked with my friend while taking a walk with him.

식사를 하면서 책을 읽습니까?　Do you read while you are eating?

2

AV-(으)려고 하다

여름 방학에 고향에 가려고 합니다.

I may go to my hometown this summer vacation.

지하철이 빠르기 때문에 지하철을 타려고 합니다.

I'm taking a subway because it's very fast.

영어를 공부하려고 했지만 시간이 없었습니다.

I tried to study English but didn't have time to do it.

누구와 함께 피자를 먹으려고 합니까?　Who are you having pizza with?

3

AV-(으)ㄹ N

내일 만날 친구들은 모두 열 명입니다.

The friends I'll see tomorrow are ten in total.

주말에 볼 영화가 재미있을까요?

Will the movie that we'll watch this weekend be interesting?

시장에서 살 물건을 메모했습니다. I wrote a memo for the shopping items.

4

N만

이 식당은 한국 음식만 팝니다. This restaurant serves only Korean food.

우리는 교실에서 한국말만 합니다. We speak only Korean in our classroom.

나만 친구가 떠난 것을 몰랐습니다. Only I didn't know that my friend had left.

Exercise

연습

1

➡ <u>음악을 들으면서 책을 읽습니다.</u>

1 

➡ _______________________________________

2 

➡ _______________________________________

3 

➡ _______________________________________

4 

➡ _______________________________________

친구를 만나다

➡ 오늘 오후에 친구를 만나려고 합니다.

1 수영을 배우다

➡ 이번 여름에 _______________________________

2 영화를 보다

➡ 수미는 친구와 함께 _______________________________

3 저녁을 먹다

➡ 오늘 부모님과 함께 _______________________________

4 고향에 돌아가다

➡ 내년 3월에 _______________________________

어제 비가 왔습니다. 그리고 오늘((도) , 만) 비가 옵니다.

1 나오코(도 , 만) 일본 사람이고 모두 중국 사람입니다.

2 마이클은 영어를 잘 합니다. 한국어(도 , 만) 잘 합니다.

3 학생들이 모두 왔습니다. 민수(도 , 만) 안 왔습니다.

4 가족들은 중국에 있고 저 혼자(도 , 만) 한국에 삽니다.

3

노래를 부르다

 제가 <u>부를 노래</u>는 한국 노래입니다.

1 교실에서 공부하다

➡ 다음 주부터 _________________은 401 호입니다.

2 음식을 먹다

➡ 오늘 _________________은 김치찌개입니다.

3 영화를 보다

➡ 이번 주말에 _________________는 한국영화입니다.

4 음식을 만들다

➡ 제가 _________________은 불고기입니다.

1 읽고 쓰십시오.

나오미는 이번 주말에 경주에 가려고 합니다.

경주에 사는 미영 씨를 만나려고 합니다.

미영 씨와 결혼할 남자 친구도 같이 만나려고 합니다.

미영 씨는 다음 토요일에 결혼을 할 겁니다.

미영 씨는 회사에서 일을 하면서 주말에 외국 사람에게 한국말을 가르칩니다.

나오미는 2년 전에 미영 씨를 처음 만났습니다.

2년 전에 나오미는 일본말만 할 수 있었지만 지금은 아닙니다.

한국말도 잘 할 수 있습니다.

1 나오미는 언제 경주에 가려고 합니까?

➡ _______________________________________

2 미영은 무슨 일을 합니까?

➡ _______________________________________

3 미영은 언제 결혼할 겁니까?

➡ _______________________________________

4 나오미는 경주에서 누구를 만나려고 합니까?

➡ _______________________________________

2 표를 보고 쓰십시오.

–(으)려고 하다	– 기 때문에	–(으)ㄹ

좋아하는 계절	여름	내가 좋아하는 계절은 ( )입니다. 나는 ( )기 때문에 여름을 좋아합니다.
왜?	수영을 좋아하다	이번 여름에 바다에 가려고 합니다.
무엇을?	1. 바다에 가다 2. 수영을 하다. 3. 친구들과 놀다	바다에서 ( )고 ( ). 그래서 가게에서 ( )
준비물	수영복, 카메라	( ).

좋아하는 계절		
왜?		
무엇을?		
준비물		

14. 주말이 평일보다 더 복잡합니다.

단원의 **학습목표**	1. 쇼핑과 관련한 표현을 익힌다.
	2. 비교 표현을 이해한다.
	3. 이동의 목적과 동작의 순서를 표현한다.

Dialogue

Word

시장에는 싸고 예쁜 옷들이 아주 많습니다.

시장은 주말이 평일보다 더 복잡합니다.

수미는 일이 끝난 후에 시장에 갔습니다.

짧은 티셔츠를 사러 갔습니다.

오늘은 목요일이었지만 사람이 아주 많았습니다.

수미는 옷을 산 후에 책을 사러 서점에 갔습니다.

마이클의 생일에 선물하고 싶은 책을 샀습니다.

시장
싸다
예쁘다
옷
더
끝나다
평일
복잡하다
일
짧다
티셔츠

? 알아 봅시다.

1 수미는 언제 시장에 갔습니까?
2 수미는 누구의 선물을 샀습니까?
3 오늘은 무슨 요일입니까?

 **발 음**

복잡합니다[복짜팜니다]   끝난 [끈난]

짧은 [짤븐]   목요일 [모교일]

1

옷

| 한복 | 양복 | 바지 | 치마 | 점퍼 |
| 청바지 | 원피스 | 티셔츠 | 와이셔츠 | 블라우스 |

2

끝나다　끝내다

시험이 끝나고 친구와 영화를 보러 갔습니다.

수미는 숙제를 끝내고 텔레비전을 봤습니다.

N 보다 (더)

겨울보다 봄이 더 따뜻합니다.　Spring is warmer than winter.

동생보다 형이 더 키가 큽니다.

The older brother is taller than the younger brother.

김치찌개보다 된장찌개를 더 좋아합니다.

I like doenjangjjigae better than gimchijjigae.

음료수보다 물을 많이 마시려고 합니다.　I intend to drink more water than beverage.

AV-(으)러 가다 / 오다

한국말을 배우러 한국에 온 학생들이 많습니다.

There are many students who have come to Korea to learn Korean.

옷을 사러 백화점에 가려고 합니다.

I'm going to the department store to buy clothes.

책을 읽으러 도서관에 가려고 합니다.　I'm going to the library to read books.

손을 씻으러 화장실에 갑니다.　I go to the restroom to wash my hands.

AV-(으)ㄴ 후에

학교 앞에서 친구와 헤어진 후에 집으로 돌아왔습니다.

I saw my friend off in front of the school and came back home.

수업이 끝난 후에 도서관에 가려고 합니다.

I'm thinking of going to the library after class.

친구의 편지를 받은 후에 곧바로 답장을 했습니다.

I replied to my friend's letter shortly after I had got his letter.

밥을 먹은 후에 이를 닦습니다.

I brush my teeth after meal.

4

DV-(으)ㄴ N

예쁜 아기가 웃고 있습니다.

A cute baby is smiling.

나는 키가 작은 사람을 좋아합니다.

I like short people.

나오코는 매운 음식도 잘 먹습니다.

Naoko also eats spicy food well.

그 친구는 어려운 한국어 책도 읽을 수 있습니다.

He can read even a difficult Korean book.

1

1 

→ _______________________________________

2 

→ _______________________________________

3 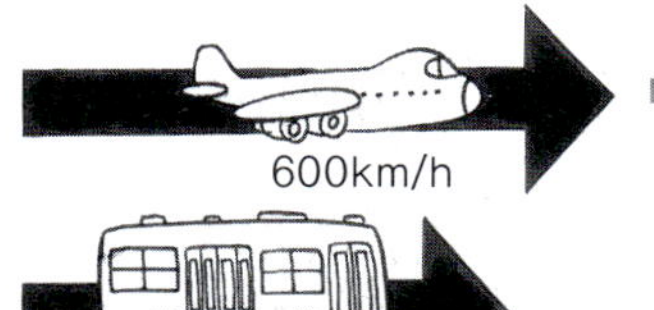
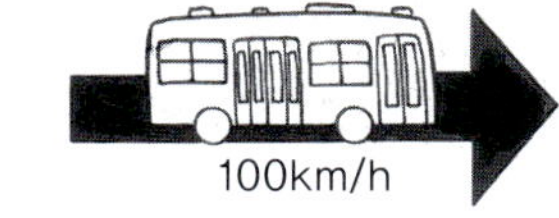

→ _______________________________________

4 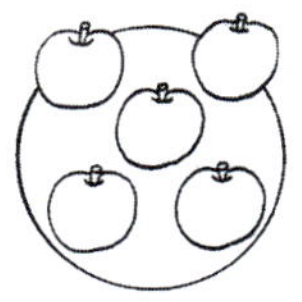 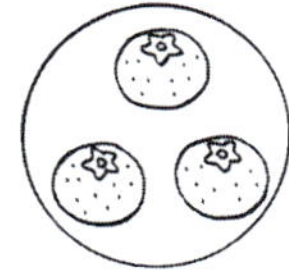
→ _______________________________________

2

점심, 먹다, 식당

➡ <u>점심을 먹으러 식당에 갑니다.</u>

1 구두, 사다, 백화점

➡ ______________________________

2 친구, 만나다, 커피숍

➡ ______________________________

3 편지, 보내다, 우체국

➡ ______________________________

4 돈, 찾다, 은행

➡ ______________________________

3

➡ <u>세수를 한 후에 학교에 갑니다.</u>

1 ➡ _______________________________

2 ➡ _______________________________

3 ➡ _______________________________

4  ➡ _______________________________

4

가방이 크다

➡ 수미는 <u>큰 가방</u>을 샀습니다.

1 치마가 짧다

➡ 나오미는 _____________를 입고 있습니다.

2 책을 읽고 싶다

➡ 나는 오늘 _____________을 샀습니다.

3 김치가 맵다

➡ 마이클은 _____________를 좋아합니다.

4 여자 친구가 예쁘다

➡ 민수는 _____________를 만나고 싶어합니다.

Activity

1 읽고 쓰십시오.

나오미는 과일을 사러 시장에 갔습니다.

시장이 슈퍼마켓보다 값이 더 쌉니다.

나오미는 과일 가게에서 큰 사과를 샀습니다.

사과를 산 후에 맛있는 아이스크림도 샀습니다.

날씨가 더워서 아이스크림을 먹으면서 집에 갔습니다.

1 나오미는 어디에 갔습니까?

➡ ____

2 사과를 산 후에 무엇을 했습니까?

➡ ____

3 무엇을 하면서 집에 갔습니까?

➡ ____

지영이는 민수보다 키가 작습니다.

지영이의 머리는 나오미의 머리(   ).

 어제 무엇을 했습니까? 그림을 보고 쓰십시오.

-(으)러　　　　-(으)면서　　　　-(으)ㄴ 후에

어제 친구를 만났습니다. 커피를 마시러 커피숍에 갔습니다.

커피숍에서 커피를 마시면서 이야기를 했습니다.

커피를 마신 후에 영화관에 (   ) 갔습니다.

영화를 (   ) 과자를 먹었습니다.

영화를 본 후에 (   ).

식당에서 저녁을 (   ) 버스 정류장에 (   ).

버스에 탄 후에 (   ). 집에 간 후에 샤워했습니다.

(   ) 텔레비전을 봤습니다.

동사 Ⅱ

웃다

울다

좋아하다

싫어하다

일하다

놀다

팔다

사다

가르치다

배우다

만나다

헤어지다

KEYPoint

단원의 **학습목표**
1. 초대와 음식에 관한 표현을 익힌다.
2. 순차적 동작의 표현 구조를 이해한다.
3. 보조용언 '–아 주다'를 익혀 사용한다.

Dialogue

새

이사(를)하다

집들이

휴지

세제

초대(를) 받다

비빔밥

차리다

잘

나물

고추장

한국에서는 새 집에 이사해서 집들이를 합니다.

집들이에 갈 때 휴지나 세제를 사서 갑니다.

나오미는 수미가 이사한 집에 초대를 받았습니다.

나오미는 수미 집에 갈 때 휴지를 사서 갔습니다.

그리고 수미는 나오미에게 비빔밥을 만들어 주었습니다.

"나오미 씨, 차린 것은 없지만 많이 드십시오."

"감사합니다, 잘 먹겠습니다."

나오미는 비빔밥을 아주 좋아합니다.

비빔밥은 밥, 나물, 고추장으로 만드는 한국 음식입니다.

⑦ 알아 봅시다.

1 한국 사람은 새 집에 이사해서 무엇을 합니까?

2 나오미는 수미 집에 무엇을 사서 갔습니까?

3 수미는 나오미에게 무슨 음식을 만들어 주었습니까?

발 음

집들이 [집뜨리]   비빔밥 [비빔빱]

1

음식

비빔밥	볶음밥	김밥	냉면	라면	자장면
우동	갈비탕	설렁탕	삼계탕	만두	칼국수

2

차리다

저녁을 차려서 먹었습니다.

내일 친구들이 오기 때문에 음식을 차려야 합니다.

1

V-아 / 어 / 여서

도서관에 가서 책을 빌렸습니다.   I checked out a book from the library.

편지를 써서 친구에게 보낼 겁니다.   I will write a letter and send it to my friend.

12시에 친구를 만나서 함께 영화를 보려고 합니다.

     I'm going to meet a friend at 12 o'clock to see a movie.

2

V-(으)ㄹ 때

이가 아플 때 치과에 갑니다.   We go to the dental clinic when we have toothaches.

저는 한가할 때 음악을 듣습니다.   I listen to music when I am free.

한국사람들은 식사를 할 때 젓가락을 사용합니다.

     Koreans use chopsticks when they eat.

3

N(으)로 N을 / 를 만들다

나무로 책상을 만듭니다.　　　　　　The desk is made of wood.

밀가루와 계란으로 빵을 만듭니다.　　The bread is made from flour and eggs.

밥과 나물과 고추장으로 비빔밥을 만듭니다.

Bibimppap is made of namul, rice and hot pepper paste.

4

AV-아 / 어 / 여 주다

소라가 제 숙제를 도와 주었습니다.　　Sora helped my homework.

김 선생님이 우리에게 한국말을 가르쳐 주십니다.

Mr. Kim teaches us Korean.

어머니께서 불고기를 요리해 주셨습니다.　　Mom cooked bulgogi for me.

마이클 씨, 읽어 주십시오.　　Mike, would you start reading, please?

5

AV-겠 -

내일 다시 오겠습니다.　　I'll come back again tomorrow.

30 분 후에 다시 전화하겠습니다.　　I'll call you back in 30 minutes.

약속을 꼭 지키겠습니다.　　I'll always keep my promises.

Exercise 연습

1

나는 어제 백화점에 갔습니다. 백화점에서 원피스를 샀습니다.

➡ <u>나는 백화점에 가서 원피스를 샀습니다.</u>

1 민수는 꽃을 샀습니다. 여자 친구에게 꽃을 주었습니다.

➡ _______________________________

2 나는 불고기를 만들었습니다. 친구들과 같이 불고기를 먹었습니다.

➡ _______________________________

3 마이클은 내일 친구를 만납니다. 친구와 함께 커피숍에 갈 겁니다.

➡ _______________________________

4 부모님께 편지를 썼습니다. 부모님께 편지를 보냈습니다.

➡ _______________________________

목이 아프다 학교에 가다 가족이 보고 싶다

영화를 보다 집에 있다 떡볶이를 만들다

1 <u>학교에 갈 때</u> 버스를 탑니다.

2 ___________________________가족 사진을 봅니다.

3 ___________________________콜라와 팝콘을 먹습니다.

4 ___________________________쉬면서 책을 읽습니다.

5 ___________________________떡과 고추장이 필요합니다.

6 ___________________________따뜻한 물을 마십니다.

1 

2 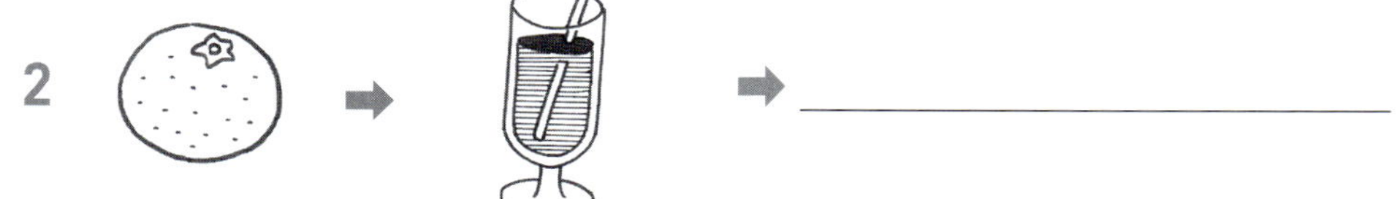

3 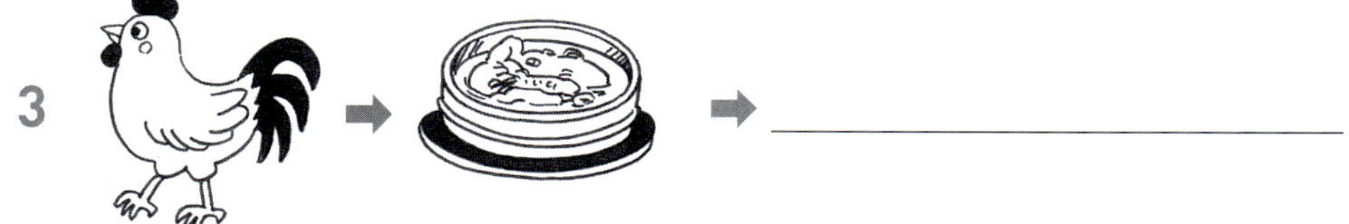

4 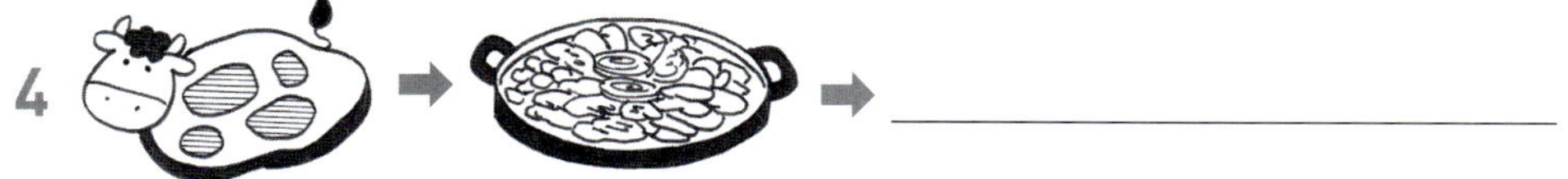

4

	– 아 / 어 / 여 주다	– 겠 –
만들다	만들어 줍니다.	만들겠습니다.
사다		
쓰다		쓰겠습니다.
읽다		
기다리다		
찍다	찍어 줍니다.	
전화하다		전화하겠습니다.

활동

1 읽고 쓰십시오.

〈 해물 파전 만드는 방법 〉

• 재료 : 밀가루 2 컵, 계란 1 개, 물 1 컵, 작은 파, 해물 (조개, 오징어, 새우),

  식용유, 소금

• 만드는 방법 :

① 밀가루, 계란, 물, 소금을 넣어서 반죽합니다.

② 작은 파를 썰어서 ①에 넣습니다. 해물도 넣어서 섞습니다.

③ 프라이팬에 식용유를 조금 넣고 따뜻할 때까지 기다립니다. 그리고 반죽

  을 넣어서 부칩니다.

④ 접시에 담은 후 간장에 찍어서 먹습니다.

해물 파전	밀가루	계란	파	식용유	소금	찍다
방법	넣다	반죽하다	썰다	섞다	부치다	담다

1 순서대로 쓰십시오.

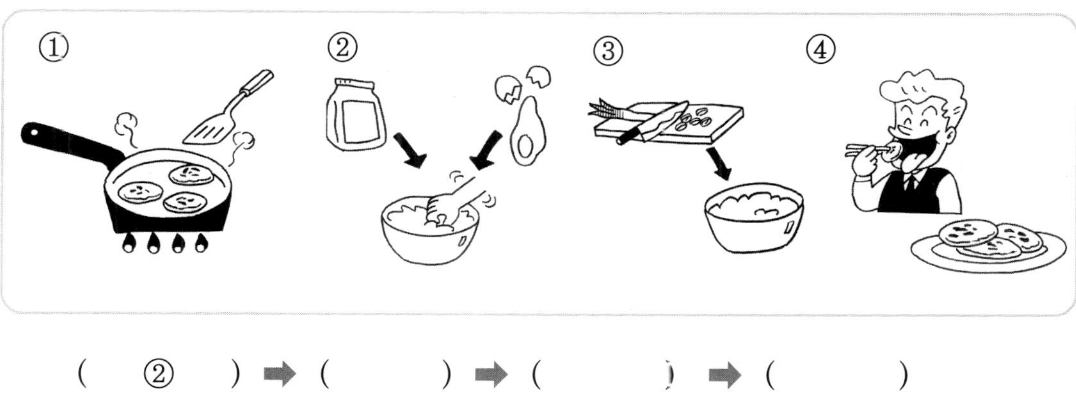

(②) ➡ ( ) ➡ ( ) ➡ ( )

2 그림을 보고 연결하십시오.

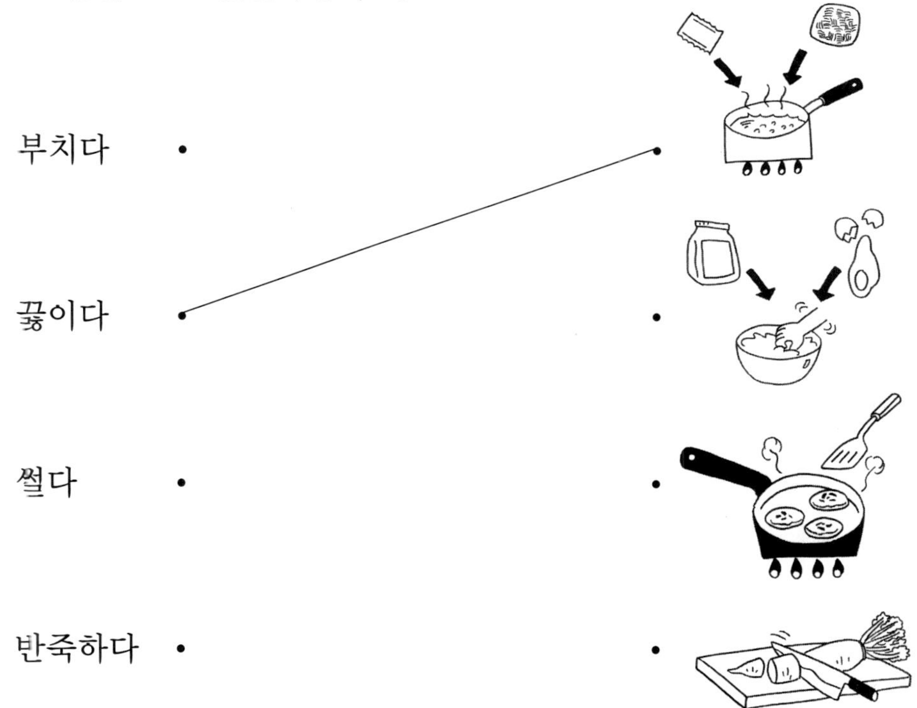

부치다 •

끓이다 •

썰다 •

반죽하다 •

그림을 보고 쓰십시오.

손을 씻을 때 비누를 사용합니다.

16 친구들이 저를 땅콩이라고 합니다.

KEYPoint

단원의 **학습목표** 1. 외모에 관한 표현을 이해한다.
2. 비유적 표현으로 자신을 소개한다.

Dialogue

저는 중국에서 교환 학생으로 한국에 왔습니다. 중국에는 부모님만 살고 계십니다. 우리 가족은 모두 4 명인데, 여동생은 지금 캐나다에서 영어를 공부하고 있습니다.

우리 아버지는 키가 작고 뚱뚱합니다. 그래서 예쁘고 키가 큰 어머니를 만났을 때, 첫눈에 반했습니다. 동생은 어머니를 닮아서 키가 큽니다. 저는 아버지를 닮았습니다. 그래서 아버지처럼 좀 뚱뚱하고 키가 작습니다. 친구들이 저를 땅콩이라고 합니다. 제 동생 별명은 젓가락인데, 저는 젓가락보다 땅콩이 좋습니다.

교환 학생
부모님
캐나다
닮다
좀
뚱뚱하다
첫눈에 반하다
땅콩
별명
젓가락

❓ 알아 봅시다.

1 제 별명은 무엇입니까?
2 동생 별명은 왜 젓가락입니까?

1

외모

| 키가 크다 | 키가 작다 | 뚱뚱하다 | 날씬하다 | 빼빼하다 |
| 예쁘다 | 아름답다 | 잘생기다 | 못생기다 | 멋있다 |

2

첫눈에 반하다

우리는 서로 첫눈에 반해서 결혼했습니다.

미라 씨가 너무 예뻐서 첫눈에 반했습니다.

3

닮다

저는 아버지보다 어머니를 더 많이 닮았습니다.

제 남자 친구는 영화배우를 닮았습니다.

Grammar 문법과 표현

1

N을/를 N(이)라고 하다

이것을 고추장이라고 합니다.　　　　　This is called gochujang.

친구들이 제 별명을 빼빼로라고 합니다.

My friends call me Pepero as my nickname.

할머니는 항상 저를 강아지라고 하십니다.

My grandmother always calls me "puppy".

2

N 처럼

제임스는 가수처럼 노래를 잘 부릅니다.　James sings very well like a singer.

수미는 모델처럼 날씬하고 예쁩니다.

Su-mi is slim and good looking like a model.

선생님처럼 한국어를 잘 하고 싶습니다.

I want to speak Korean well like a teacher.

N(으)로

저는 유학생으로 이 학교에 왔습니다. I came to this school as a foreign student.

나오미는 장학생으로 대학교에 입학했습니다.

Naomi entered the university on a scholarship.

학생들이 영수를 반장으로 뽑았습니다.

Students elected Youngsu as a class captain.

N(이)ㄴ데 / DV-(으)ㄴ데

우리 선생님은 여자인데 아주 예쁩니다.

Our teacher is a woman and very beautiful.

수미 씨는 한국 사람인데 일본어를 잘 합니다.

Su-mi is a Korean and she speaks Japanese very well.

저는 좀 뚱뚱한데 살을 빼고 싶습니다.

I am a little fat and I want to lose weight.

오늘은 날씨가 좋은데, 소풍을 가고 싶습니다.

It is very nice today and I want to go on a picnic.

Exercise 연습

1

> 날씬하다   키가 크다   닮다   멋있다
>
> 못생겼다   뚱뚱하다   별명   첫눈에 반하다

1 저는 _________ 아 / 어 / 여서 다이어트를 하고 싶어요.

2 제 여자 친구는 좀 _________지만 우리는 서로 _________았 / 었 / 였어요.

3 마이클 씨는 _________ 아 / 어 / 여서 농구를 잘 해요.

4 한국에서 가장 _________ 는 영화배우가 누구예요?

5 나오미 씨는 너무 _________ 아 / 어 / 여서 _________ 이 / 가 젓가락이에요.

2

이것, 노트북

➡ <u>이것을 노트북이라고 합니다.</u>

1 저 꽃 이름, 장미

➡ ____

2 이 음식, 삼계탕

➡ ____

3 유강 씨 별명, 요리사

➡ 친구들이 _______________________________________

4 할아버지, 저, 공주

➡ 할아버지께서 ___________________________________

3

| 새   영화배우   젓가락   한국 사람   물개   호랑이 |

1 제 동생은 <u>젓가락처럼</u> 빼빼합니다.

2 데니스는 _________ 잘 생겼습니다.

3 저는 열심히 공부해서 _________ 한국어를 잘 하고 싶어요.

4 어제 _________ 하늘을 나는 꿈을 꿨어요.

5 저 선수는 _________ 수영을 잘 합니다.

6 우리 선생님은 _________ 무섭습니다.

4

오늘은 바쁘다. 내일 만나고 싶다.

➡ 오늘은 바쁜데 내일 만나고 싶습니다.

1 이것은 가죽 지갑이다, 값이 너무 비싸다

➡ ______________________________________

2 이분이 한국어 선생님이시다, 키가 크다

➡ ______________________________________

3 이 가방이 좋다, 돈이 모자라서 살 수 없다

➡ ______________________________________

4 배가 고프다, 먹고 싶은 음식이 없다

➡ ______________________________________

1 읽고 답하십시오.

　　제 이름은 유강입니다. 중국에서는 남자가 여자보다 요리를 더 잘 합니다. 우리 아버지도 어머니보다 더 요리를 잘 하십니다. 저도 아버지를 닮아서 요리를 잘 합니다. 그래서 기숙사 친구들이 저를 (가) ___________ (이)라고 합니다.

　　제 친구 아크만은 머리를 잘 깎습니다. 학생들은 보통 이발소나 미용실에서 머리를 깎지만 기숙사 친구들은 아크만의 방으로 갑니다. 아크만은 공짜로 친구들의 머리를 깎아줍니다. 우리는 아크만을 (나) __________ (이)라고 부릅니다.

　　제 옆방에 살고 있는 나카야의 별명은 아저씨 입니다. 나카야는 결혼을 해서 일본에 아내와 귀여운 딸이 하나 있습니다. 항상 지갑에 가족 사진이 있습니다. 사진에 있는 나카야의 아내는 영화배우처럼 아름답습니다. 나카야는 아내를 처음 만났을 때, 아마 첫눈에 반했을 것입니다.

1 (가)와 (나)에 알맞은 별명은 무엇입니까?

(가) : _______________　　　　(나) : _______________

2 맞으면 ○표, 틀리면 ×를 하십시오.

① 보통 중국 남자들은 여자들보다 요리를 더 잘 합니다.(　　　　)

② 아크만은 친구들의 머리를 깎아 주고 돈을 받지 않습니다.(　　　　)

③ 나카야의 아내는 영화배우입니다.(　　　　)

2 별명을 소개하는 글을 쓰십시오.

1

몽당연필   농구 선수   돼지

키가 작다   키가 크다   좋아하다   싫어하다   어울리다

내 동생의 별명은 __________(이)라고 합니다. 초등학생인데 친구들보다 __________________기 때문입니다. 내 동생은 키도 작고 귀엽게 생겨서 별명과 잘__________. 그렇지만 내 동생은 자신의 별명을 아주 __________. 빨리 __________고 싶어서 매일 우유를 열심히 마십니다.

2

생각을 많이 하다   걱정이 있다   어렵다

내 친구 철수는 모든 일에 심각합니다. 항상 _________________사람처럼 심각한 얼굴을 하고 있습니다. 점심에 무엇을 먹을까 하는 것도 _________________후에 정합니다.
철수는 책도 많이 읽고___________말도 자주 합니다. 삶, 죽음, 인생, 기쁨과 슬픔……. 항상 ___________ 얼굴로 _________ 철수를 우리들은 '철학자'라고 부릅니다.

3 가족이나 친구 중 한명의 별명을 소개해 봅시다.

형용사 I

많다

적다

크다

작다

덥다

춥다

가깝다

멀다

밝다

어둡다

길다

짧다

17 사물놀이를 연습해야 합니다.

KEYPoint

단원의 **학습목표**
1. 자신의 생활 일기를 쓸 수 있다.
2. 능력 부정과 의무, 일기문체를 익힌다.

유강의 일기

2006 년 5 월 20 일   날씨 : 맑음

나는 사물놀이패 회원이다. 회원들은 매일 학생 회관에 있는 동아리 방에서 사물놀이를 연습해야 한다. 나는 장구를 친다.

축제 때 우리 동아리가 대강당에서 공연을 했다. 나는 좀 떨렸지만 구경하는 학생들이 박수를 칠 때 기분이 좋았다.

내일부터는 연습이 끝난 후에 도서관에 가야 한다. 다음 주에 시험이 있지만 사물놀이 연습 때문에 공부를 하지 못했다. 그래서 도서관에 가서 책도 빌려야 하고 시험 공부도 해야 한다.

일기
사물놀이패
회원
매일
학생 회관
동아리
사물놀이
연습하다
장구
치다
축제
대강당
공연
떨리다
박수
빌리다

? 알아 봅시다.

1 유강은 어디에서 사물놀이를 연습합니까?
2 유강은 왜 도서관에 가야 합니까?

1

학교

| 학생회관 | 대강당 | 매점 | 동아리 | 기숙사 |
| 강의실 | 출석하다 | 결석하다 | 학점 | 시험 |

2

치다

영숙이는 피아노를 칠 수 있습니다.

노래가 끝난 후 사람들이 박수를 쳤습니다.

월요일마다 단어 시험을 칩니다.

3

기분이 좋다

선생님께 칭찬을 받아서 기분이 좋습니다.

축구 경기에서 우리 팀이 이겨서 기분이 좋습니다.

1

AV-아 / 어 / 여야 하다

오전 10 시까지 학교에 가야 합니다.　　I have to go to school by 10 a.m.

미라는 몸이 아파서 약을 먹어야 합니다.

Mi-ra has to take pills because she is sick.

다음 주에 시험이 있어서 열심히 공부해야 합니다.

I have to study hard because I have an exam next week.

2

못 AV / AV-지 못하다

비가 와서 등산을 못 갑니다.

➡ 비가 와서 등산을 가지 못합니다.　　I cannot go hiking because it is raining.

차린 음식이 너무 많아서 다 못 먹었습니다.

➡ 차린 음식이 너무 많아서 다 먹지 못했습니다.

I could not eat all of them because the prepared food was too much.

사람이 너무 많아서 영화를 못 봤습니다.

➡ 사람이 너무 많아서 영화를 보지 못했습니다.

I could not see the movie because there were too many people.

3

AV- ㄴ / 는다

오늘은 비가 온다.

It is raining today.

나는 아침마다 운동을 한다.

I exercise every morning.

일요일에는 집에서 점심을 먹는다.

I have lunch at home on Sundays.

4

DV- 다

내 동생은 뚱뚱하다.

My brother is fat.

오늘은 날씨가 좋다.

The whether is fine today.

휴일에는 시내에 사람들이 많다.

There are a lot of people in downtown on holidays.

Exercise 연습

1

매점	결석하다	강의실	동아리
치다	학점	출석하다	도서관

1 제가 수업하는 ___________ 은 / 는 4층에 있습니다.

2 저는 축구를 좋아해서 축구 ___________ 에 가입하고 싶어요.

3 어제는 배가 아파서 ___________ 았 / 었 / 였습니다.

4 미라 씨의 노래를 듣고 모두 박수를 ___________ 았 / 었 / 였습니다.

5 이번 학기에는 시험을 잘 보지 못해서 ___________ 이 / 가 나쁠

거예요.

6 저는 유학생인데, ___________ 에서 책을 빌릴 수 있습니까?

7 민수는 음료수를 사러 ___________ 에 갑니다.

시험이 있습니다. (열심히 공부하다)

➡ <u>열심히 공부해야 합니다.</u>

1 도서관에서 공부합니다. (조용히 하다)

➡ ____

2 부모님이 고향에서 오십니다. (공항에 가다)

➡ ____

3 머리가 아픕니다. (푹 쉬다)

➡ ____

4 저는 뚱뚱합니다.

➡ ____

5 배가 고픕니다.

➡ ____

편지를 썼습니다.

➡ <u>주소를 모르기 때문에 편지를 못 썼습니다.</u>

➡ <u>주소를 모르기 때문에 편지를 쓰지 못했습니다.</u>

1 문을 열었습니다.

➡

➡

2 친구를 만납니다.

➡

➡

3 등산을 갔습니다.

➡

➡

4 아침을 먹었습니다.

➡

➡

4

가: 어제 영화 봤어요?

나: 아니요, 보고 싶었지만 사람이 많아서 (안, (못)) 봤어요.

1 가 : 방학에 고향에 가요?

나 : 아니요, 아르바이트 때문에 (안, 못) 가요.

2 가 : 어제 백화점에 갔어요?

나 : 아니요, 가기 싫어서 (안, 못) 갔어요.

3 가 : 오늘은 운동 안 해요?

나 : 하고 싶지만 숙제가 많아서 (안, 못) 해요.

4 가 : 선생님께 전화했어요?

나 : 아침에 선생님을 만났기 때문에 (안, 못) 했어요.

5 가 : 내일 학교에 가요?

나 : 내일은 휴일이기 때문에 학교에 (안, 못) 가요.

5

토요일에 약속이 있습니다.

➡ <u>토요일에 약속이 있다.</u>

1 알렉스는 멋있습니다.

➡ ___________________________________

2 영희는 키가 큽니다.

➡ ___________________________________

3 나카야는 학교 식당에서 점심을 먹습니다.

➡ ___________________________________

4 나는 오늘 저녁에 친구를 만납니다.

➡ ___________________________________

5 우리는 일요일 아침마다 축구를 합니다.

➡ ___________________________________

6 오늘은 날씨가 참 좋습니다.

➡ ___________________________________

1 읽고 답하십시오.

> 우리 학교 기숙사 1층에는 작은 체육관이 있다. 그 곳에서 탁구를 칠 수 있다. 나는 오후에 체육관에서 한 시간 정도 친구들과 탁구를 친다. 그렇지만 이번 주에 나는 시험 공부를 하러 도서관에 가야 한다. 그래서 체육관에 가지 못한다.
>
> 2층에는 컴퓨터 방이 있다. 이곳에서 컴퓨터를 하루 종일 사용할 수 있기 때문에 항상 학생들이 많다. 나도 도서관의 컴퓨터를 사용할 수 없을 때는 이 곳에 온다. 그렇지만 항상 학생들이 많아서 사용하고 싶은 시간을 예약해야 한다.
>
> 그리고 컴퓨터 방 옆 휴게실에는 매점과 아주 큰 텔레비전이 있다. 나는 저녁을 먹은 후에 이곳에서 친구들과 커피를 마시면서 이야기를 한다.

1 학교 기숙사에 무엇이 있습니까?

____

2 맞으면 ○표, 틀리면 ×표 하십시오.

① 학생들은 시험 기간에 체육관에 갈 수 없다.　　　　　(　　　)

② 컴퓨터는 예약을 해야 사용할 수 있다.　　　　　(　　　)

③ 컴퓨터 방에 텔레비전이 있다.　　　　　(　　　)

2 고쳐 쓰십시오.

오늘 학교에서 시험을 봤습니다. 좀 어려웠습니다. 그렇지만 시험이 다 끝나서 기분이 좋습니다. 이번 주말에는 영화를 보러 갑니다. 나는 한국어는 잘 모릅니다. 그렇지만 한국 영화는 좋아합니다.

→

오늘 학교에서 시험을 <u>봤다</u>. 좀 ______. 그렇지만 시험이 다 끝나서 기분이 ______. 이번 주말에는 영화를 ______. 나는 한국어는 잘 ______. 그렇지만 한국 영화는 ______.

3 일기를 쓰십시오.

년   월   일   날씨:

18 사람들이 환호하기 시작했습니다.

단원의 **학습목표**   1. 운동과 관련된 표현을 이해한다.
2. 행위에 전제되는 시간과 도구를 표현한다.

Dialogue

<table>
<tr><td>

　　마이클은 한 달에 두 번 정도 야구장에 갑니다. 오늘은 민수와 함께 갔습니다. 두 사람은 관중석에 앉아서 풍선으로 응원을 했습니다. 응원하는 동안 사람들과 같이 큰 소리로 노래도 부르고 춤도 췄습니다. 한 시간 정도 지났을 때, 어떤 선수가 홈런을 쳤습니다. 사람들이 환호하기 시작했습니다.

　　경기가 끝나고 마이클과 민수는 쓰레기를 치운 후에 밖으로 나왔습니다. 두 사람이 응원한 팀이 5 대 3 으로 이겨서 아주 기분이 좋았습니다.

</td><td>

Word

정도
야구장
관중석
풍선
응원을 하다
소리
홈런을 치다
환호하다
시작하다
쓰레기
밖
팀
대
치우다
이기다

</td></tr>
</table>

? 알아 봅시다.

1　여기는 어디입니까?
2　두 사람은 왜 기분이 좋았습니까?
3　마이클과 민수는 어떻게 응원을 했습니까?

1

운동

-을/를 하다	-을/를 치다	-을/를 타다
야구 축구	탁구 골프	자전거 스키
농구 배구	테니스 배드민턴	스케이트
수영 태권도		

2

이기다 / 지다

우리 팀이 이번 경기에서 이기면 우승입니다.

우리 팀 선수가 홈런을 쳐서 이길 수 있었습니다.

오늘 제가 지면 한턱내겠습니다.

3

정도

부산에서 서울까지 3시간 정도 걸립니다.

도서관에 학생이 20명 정도 있습니다.

지난달에는 용돈을 30만 원 정도 썼습니다.

1

AV-기 시작하다

아침부터 비가 오기 시작했습니다.　It started raining from the morning.

엘리스 씨가 노래를 부르기 시작했습니다.　Alice started to sing.

지난달부터 아침마다 수영을 배우기 시작했습니다.

From last month, I started learning to swim in the morning .

2

AV-는 동안

한국에 있는 동안 태권도를 배우고 싶습니다.

While staying in Korea, I want to learn taegwondo.

잠깐 쉬는 동안 텔레비전을 봅니다.　While taking a break, I watch TV.

동생이 자는 동안 나는 책을 읽었습니다.

While my brother is sleeping, I read books.

3

N 에 N 번

민수는 일주일에 세 번 수영장에 갑니다.

Minsu goes to the swimming pool three times a week.

유강은 일 년에 두 번 고향에 갑니다.

Yugang goes to his home town twice a year.

4

N(으)로

연필로 글씨를 씁니다.　　　　　We write letters with a pencils.

마이클은 젓가락으로 음식을 먹을 수 있습니다.

Mike can eat food with chopsticks.

1

축구	농구 선수	스키	정도
이기다	응원하다	예매하다	수영

1 식당에 손님이 다섯 명 ___________ 있습니다.

2 이번 주말에는 ___________ 을 / 를 타러 갈 겁니다.

3 저 사람이 가장 키가 큰 ___________ 입니다.

4 우리가 ___________(으)ㄴ / 는 축구팀이 ___________았 / 었 /

였습니다.

5 선우는 아침마다 운동장에서 ___________을 / 를 합니다.

2

2년 전, 한국어 공부를 하다

1 이번 학기, 영어를 가르치다

➡ ____

2 작년, 테니스를 배우다

➡ ____

3 오전, 눈이 내리다

➡ ____

4 초등학교 때, 한국에서 살다

➡ ____

5 한국에 온 후, 김치를 먹다

➡ ____

3

한국에서 사는 동안 무엇을 합니까?

➡ 한국에서 사는 동안 한국어를 배웁니다.

1

가 : 학교에 오는 동안 무엇을 합니까?

나 : ____

2 

가 : 집에 있는 동안 무엇을 합니까?

나 : ______________________________

3 

가 : 커피숍에서 친구를 기다리는 동안 무엇을
합니까?

나 : ______________________________

4 

가 : 산책을 하는 동안 무엇을 합니까?

나 : ______________________________

4

가: 하루에 몇 번 학교식당에 갑니까?

나: 하루에 두 번 정도 학교식당에 갑니다.

1 가 : 일주일에 몇 번 운동하러 갑니까?

나 : ______________________________

2 가 : 한 달에 몇 번 부모님께 전화합니까?

나 : ______________________________

3   가 : 일 년에 몇 번 여행을 합니까?

  나:
____

5

기차	카드	사무실	교과서
생일 선물	야구	운동복	한국어

1   수미는 동생의 <u>생일 선물로</u> 예쁜 가방을 샀습니다.

2   지갑에 돈이 없어서 ___________ 옷을 샀습니다.

3   신청서에 ___________ 이름을 써 주세요.

4   이 건물을 ___________ 사용하고 있습니다.

5   부산에서 서울까지 ___________ 3 시간 정도 걸립니다.

6   선수들이 모두 ___________ 갈아입었습니다.

1 글을 읽고 답하십시오.

제임스는 조기 축구회 회원입니다. 아침마다 초등학교 운동장에서 한 시간 동안 축구를 합니다. 제임스는 고등학교 다닐 때 학교의 축구 선수였는데, 졸업한 후에는 너무 바빠서 거의 축구를 하지 못했습니다.

한국에서 축구는 아주 인기 있는 운동입니다. 동네마다 조기 축구회가 있습니다. 그래서 제임스는 올해 초부터 축구를 하기 시작했습니다. 제임스는 축구를 한 후부터 담배를 피우지 않습니다. 술도 조금만 마십니다. 그래서 한국에 사는 동안 계속 축구를 하고 싶습니다. 조기 축구회 회원은 한 달에 한 번 함께 아침 식사를 하는데, 바로 오늘이 그 날입니다. 아침에 일찍 일어나서 좀 피곤하지만, 한국 사람들을 많이 만날 수 있어서 참 좋습니다.

1 제임스는 언제부터 아침에 축구를 하기 시작했습니까?

____

2 조기 축구회 회원은 얼마나 자주 함께 식사를 합니까?

____

3 제임스가 축구를 해서 좋은 점은 무엇입니까?

① ____

② ____

③ ____

2 글을 읽고 표를 완성하십시오.

알 림

탁구를 치면서 친구도 사귀고 건강도 지킵시다.

탁구를 좋아하는 사람은 누구나 환영합니다.

일　시 : 매주 월, 수, 금 오후 5시 ~ 6시

장　소 : 학교 기숙사 1층 체육관

준비물 : 운동화, 탁구공

문　의 : 010 - 700 - 7000

운동	탁구
언제 합니까?	
누가 신청할 수 있습니까?	탁구를 좋아하는 사람
어디에서 모입니까?	
무엇이 필요합니까?	

3 운동 모임을 만들어 보십시오.

운동	
언제 합니까?	
누가 신청할 수 있습니까?	
어디에서 모입니까?	
무엇이 필요합니까?	

알 림

일　시 :

장　소 :

준비물 :

문　의 :

19. 대학원에 진학하기로 했습니다.

단원의 **학습목표** 1. 자신의 진로를 정하고 소개할 수 있다.
2. 행위의 목적과 자신의 의지를 표현한다.

Dialogue

Word

여행 가이드
계획
세우다
통역하다
번역하다
계속
대학원
진학하다
잠시

　수미는 여행 가이드인데 영어와 일본어를 잘 합니다. 나오미는 두 달 후에 한국어 시험을 보기 위해서 수미와 한국어를 공부하기로 했습니다. 매주 월요일과 수요일에 만나서 두 시간씩 공부하기로 계획을 세웠습니다.

　"수미 씨, 저는 졸업한 후에 일본어를 한국어로 통역하거나 번역하는 일을 하고 싶어요."

　"그래요? 저는 일본어를 계속 공부하고 싶어서 내년에 대학원에 진학하기로 했어요."

　"우리 모두 열심히 공부해야겠군요. 그럼 잠시 쉰 후에 시작합시다."

⑦ 알아 봅시다.

1　나오미는 무슨 일을 하고 싶어 합니까?
2　이야기가 끝난 후에 두 사람은 무엇을 할 겁니까?

Vocabulary 어휘

1

직업

회사원	공무원	군인	농부	변호사
교사	통역사	경찰관	기자	화가
요리사	미용사	배우	의사	간호사

2

세우다

방학을 하기 전에 여행 계획을 세웠습니다.

할아버지께서 이 학교를 세우셨습니다.

Grammar

1

AV- 기로 하다

내일부터 수영을 배우기로 했습니다.

I decided to learn swimming from tomorrow.

나오미는 시험 기간에는 텔레비전을 안 보기로 했습니다.

Naomi decided not to watch TV during the exam period.

이번 학기까지 친구 집에서 살기로 했습니다.

I decided to live at my friend's place this semester.

2

AV- 기 위해서

유강은 표를 예매하기 위해서 여행사에 갑니다.

Yugang goes to a travel agency in order to book a ticket.

장학금을 받기 위해서 열심히 공부합시다.

Let's study hard in order to get a scholarship.

동생은 의사가 되기 위해서 의대에 입학했습니다.

My brother entered medical school in order to be a doctor.

3

AV- 아 / 어 / 여야겠다

생활비가 없어서 아르바이트를 해야겠습니다.

I should get a part-time job because I don't have enough money for living.

감기에 걸려서 병원에 가야겠습니다.

I will go to see a doctor because I had a cold.

오늘은 비가 와서 집에 있어야겠습니다. I will stay home because it is raining.

4

N(이)나

내일은 일요일인데 같이 등산이나 갑시다.

Let's just go hiking tomorrow because it is Sunday.

수업 시작하기 전에 커피나 한 잔 마시고 싶습니다.

I just want a cup of coffee before the class begins.

저는 오늘부터 공부나 열심히 해야겠습니다.

I will just study hard from today.

Exercise 연습

1

미용사	의사	교사	학기
계속	입학하다	세우다	예매하다

1 이번 __________까지 한국어 공부를 해야 합니다.

2 더 깊이 공부하기 위해서 대학원에 __________ 았 / 었 / 였습니다.

3 주말에 영화를 보기 위해 표를 __________ 았 / 었 / 였습니다.

4 저는 아픈 사람을 친절하게 치료하는 __________ 이 / 가 되고 싶습니다.

5 한국어를 열심히 공부해서 한국어 __________ 이 / 가 될 겁니다.

6 방학에 배낭여행을 가기 위해서 계획을 __________ 았 / 었 / 였습니다.

2

가: 오늘 수업 후에 무엇을 할 겁니까?

나: 친구와 점심 식사를 하기로 했습니다.

1 가: 휴가 때 어디에 갑니까? (부산에 가다)

    나: ___________________________________

2 가: 주말에 무엇을 할 겁니까? (친구와 연극을 보다)

    나: ___________________________________

3 가: 여름 방학 동안에 무엇을 하기로 했습니까?

    나: ___________________________________

4 가: 기말시험이 끝나면 무엇을 하기로 했습니까?

    나: ___________________________________

3

컴퓨터를 사다, 돈을 모으다

➡ 컴퓨터를 사기 위해서 돈을 모읍니다.

1 한국어를 공부하다, 사전을 사다.

➡ ___________________________________

2 여자 친구에게 선물하다, 장미를 사다.

➡ ___________________________________

3 비행기를 타다, 공항에 가다.

➡ _______________________________

4 건강을 지키다, 운동을 하다.

➡ _______________________________

4

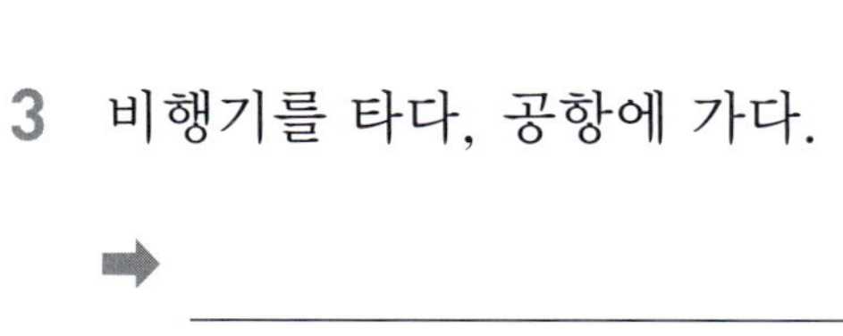

(우산을 쓰다)

➡ 우산을 써야겠습니다.

1 

(생일 선물을 사다)

➡ _______________________________

2 

(병원에 가다)

➡ _______________________________

3 

➡ _______________________________

4 

➡ _______________________________

5

➡ _______________________________

5

가: 해외여행을 할 수 없습니다. (제주도, 가다)

나: <u>그럼 가까운 제주도나 갑시다.</u>

1 가: 오늘 백화점이 쉬는 날입니다. (시장, 가다)

나: _______________________________

2 가: 감기에 걸려서 냉면을 먹을 수 없습니다. (김치찌개, 먹다)

나: _______________________________

3 가: 오늘 커피 3잔을 마셨습니다.

나: _______________________________

4 가: 소고기 가격이 올랐습니다.

나: _______________________________

1 읽고 쓰십시오.

　한국에서는 보통 교사와 공무원이 인기 있는 직업입니다. 왜냐하면 직업이 안정적이고 자신이 원하면 60살 정도까지 일할 수 있기 때문입니다. 그리고 의사나 변호사 같은 전문직도 인기 있는 직업입니다.

　다음은 남성과 여성이 원하는 배우자의 직업입니다.

연도	남성		여성	
	1위	2위	1위	2위
2002	교사	전문직	전문직	금융직
2003	교사	전문직	전문직	연구원
2004	교사	공무원	공무원	전문직
2005	교사	공무원	공무원	교사

1 남자와 여자가 원하는 배우자의 직업이 다릅니까? 같습니까? 그 이유는 무엇일까요?

____

____

2 졸업한 후에 어떤 일을 하고 싶습니까? 어떤 일을 하는 사람과 결혼하고

싶습니까?

____

____

2 미래 계획에 대해 글을 써 보십시오.

10년 후에 무엇이 되고 싶습니까?		
왜 되고 싶습니까?		
어떤 준비를 할 것입니까?	지금	
	1년 뒤	
	5년 뒤	

취미

요리

낚시

여행

노래

음악감상

독서

등산

게임

쇼핑

영화감상

드라이브

운동

20. 고향에 돌아가면 연락 드리겠습니다.

단원의 **학습목표**　　1. 가까운 사람에게 편지를 쓸 수 있다.
　　　　　　　　　　2. 가정과 추측, 전제되는 상황을 표현한다.

아크만은 갑자기 일이 생겨서 고향으로 돌아가야 합니다. 그래서 친구들이 아크만을 위해서 송별회를 했습니다. 아크만은 친구들에게서 선물을 많이 받았습니다. 오늘 공항에 가는데 친구들이 배웅해 주었습니다. 유강이 아크만에게 나오미의 선물을 전해 주었습니다.

"아버지가 편찮으셔서 걱정되시겠습니다. 아크만 씨, 이것은 나오미 씨가 아크만 씨께 드리는 선물입니다."

"고마워요. 고향에 도착하면 꼭 연락드리겠습니다. 유강 씨, 저희 집 근처에 유명한 해변이 있는데, 한번 놀러 오십시오."

"그래요. 시간이 있으면 연락드리고 가겠습니다."

Word
갑자기
생기다
송별회
배웅하다
전하다
편찮으시다
걱정되다
연락하다
근처
유명하다
해변
놀다

? 알아 봅시다.

1 아크만은 왜 갑자기 고향으로 돌아갑니까?
2 지금 아크만과 친구들은 마음이 어떻겠습니까?

1

N 드리다

저의 생각을 간단히 말씀드리겠습니다.

우선 부모님께 연락드리고 가겠습니다.

먼저 선생님께 인사드리십시오.

2

생기다

집에 일이 생겨서 빨리 가야겠습니다.

저는 여자 친구가 생기면 꼭 가고 싶은 곳이 있습니다.

Grammar 문법과 표현

1

V-(으)면

내일 날씨가 좋으면 소풍을 가려고 합니다.

If the weather is fine tomorrow, I plan to go on a picnic.

고향 생각이 나면 부모님께 전화를 합니다.

If I miss my home town, I call parents.

찬 음식을 먹으면 배가 아픕니다.　　If I eat cold food, I get a stomachache.

2

N 에게서

어제 부모님에게서 전화가 왔습니다.

I received a phone call from my parents yesterday.

저는 친구에게서 선물을 받았습니다.　　I received a present from my friend.

민수에게서 이 책을 빌렸습니다.　　I borrowed this book from Minsu.

3

V– 겠 –

방학 동안 재미있었겠습니다.

During the vacation, you must have fun.

잠을 못 자서 피곤하시겠습니다.

You must be tired because you couldn't sleep last night.

혼자서 살면 외로우시겠습니다.

You must be lonely, living alone.

4

AV–는데 / DV–(으)ㄴ데 / N(이)ㄴ데

지금 백화점에 가는데 필요한 것이 있습니까?

I am going to go to the department store. Do you need anything?

민수 씨, 할 말이 있는데 혹시 지금 시간 있습니까?

Minsu, I have something to talk to you, are you free now?

오늘은 좀 바쁜데 내일 이야기합시다.

I am a bit busy today. Let's talk tomorrow.

다음 주부터 방학인데 특별한 계획이 있습니까?

The vacation will start from next week. Do you have any special plan for next week?

1

송별회	비자	드리다	연락하다
전하다	생기다	편찮으시다	배웅하다

1 부모님이 __________ 아 / 어 / 여서 걱정이 되시겠습니다.

2 고향에 도착하면 꼭 __________ (으)십시오.

3 지금 선생님께 인사 __________ (으)러 가겠습니다.

4 졸업하기 전에 함께 모여서 __________ 을 / 를 하고 싶습니다.

5 친구를 버스 정류장까지 __________ 고 오겠습니다.

6 __________ 기간을 연장하기 위해서 출입국관리소에 갑니다.

2

가: 언제 커피를 마십니까?

나: 잠이 오면 커피를 마십니다.

1 가: 언제 병원에 갑니까?

나: ____

2 가: 언제 고향의 부모님이 보고 싶습니까?

나: ____

3 가: 언제 기분이 나빠집니까?

나: ____

4 가: 여자(남자)친구를 만나면 무엇을 합니까?

나: ____

5 가: 돈을 많이 벌면 무엇을 하고 싶습니까?

나: ____

3

에게	에게서

1 나오미는 친구에게 편지를 보냈습니다.

2 이 사전은 친구___________ 빌렸습니다.

3 유강 씨___________ 전화가 왔습니다.

4 영희는 어제 동생___________ 생일 선물을 주었습니다.

5 이번 학기에는 최 선생님___________ 한국어를 배웁니다.

6 제인은 우체국에서 부모님 __________ 소포를 보냈습니다.

4

가: 다음 달에 고향에 못 갑니다. (부모님이 보고 싶으시다)

나: <u>부모님이 보고 싶으시겠습니다.</u>

1 가: 이것은 저의 어머니께서 담그신 김치입니다. (맛있다)

  나:

2 가: 다이어트하려고 저녁을 안 먹습니다. (배가 고프시다)

  나:

3 가: 어제 운동을 너무 많이 했습니다.

  나:

4 가: 사랑하는 친구와 이별을 하였습니다.

  나:

5

입장권이 있다, 같이 영화를 보러 가다.

➡ 입장권이 있는데 같이 영화를 보러 갑시다.

1 내일 여행을 가다, 함께 가다

➡ ___________________________________

2 오늘은 바쁘다, 내일 만나다

➡ ___________________________________

3 내일은 휴일이다

➡ ___________________________________

4 밖에 비가 오다

➡ ___________________________________

1 읽고 답하십시오.

아크만 씨 (1)__________

아크만 씨, (2)____________________

공항에 배웅하러 가지 못해서 정말 (3)____________________

마지막으로 아크만 씨를 만나고 싶었는데…….

아버지께서 **빨리** 병이 나으시기를 바랍니다.

우리가 함께 한국어 공부를 시작한 지 벌써 일 년 정도 되었군요.

우리 반에 아크만 씨처럼 재미있는 학생이 있어서 공부하는 동안 참 즐거웠습니다.

이것은 한국어 사전인데, 아크만 씨 고향에서도 이 사전으로 열심히 한국어 공부해야 합니다. 저도 지난주부터 한국 친구와 일주일에 두 번 씩 만나서 공부하기 시작했습니다.

참, 이번 여름 휴가 때 남편과 인도네시아에 여행을 가기로 했습니다. 그때 아크만 씨에게 연락드리겠습니다. 좋은 곳 좀 소개해 주십시오.

그럼, 그 때까지 건강하십시오.

아크만 씨, (4)____________________

2006. 6. 6.

친구 나오미 (5)__________

1 _______에 맞는 말을 찾아 쓰십시오.

에게   씀   에게서

안녕히 계십시오   미안합니다   안녕하세요

2 나오미가 아크만에게 주는 선물은 무엇입니까?

____

3 나오미는 여름에 어디에 갈 겁니까?

____

나오미에게 답장을 쓰십시오.

나오미 씨에게

나오미 씨, ___________________

20   .   .   .

친구 ______________

21. 양복을 입은 적이 없습니다.

단원의 **학습목표**   1. 외모와 옷차림을 표현할 수 있다.
2. 경험의 유무, 상태, 이유를 표현한다.

Dialogue

오늘은 한국어 선생님의 결혼식이라서 유강은 양복을 입었습니다. 유강은 지금까지 양복을 입은 적이 없습니다. 예식장에는 벌써 친구들이 많이 와 있었습니다. 나오미가 손을 흔들었습니다. 유강은 웃으면서 나오미에게 다가갔습니다.

"나오미 씨, 저기 장갑을 끼고 있는 남자가 누구예요?"

"신랑이에요. 유강 씨는 한 번도 만난 적이 없어요?"

그 때, 오늘의 주인공인 선생님이 대기실에서 나왔습니다. 선생님은 하얀 면사포를 쓰고 웨딩드레스를 입고 있었습니다.

유강과 나오미는 큰 소리로 말했습니다.

"선생님, 결혼 축하해요. 행복하게 사세요!"

Word
결혼식
예식장
벌써
흔들다
다가가다
장갑
끼다
신랑
주인공
대기실
하얗다
면사포
웨딩드레스
행복하다

⑦ 알아 봅시다.

1 유강은 왜 양복을 입었습니까?
2 선생님의 옷차림은 어떻습니까?

1

착용동사

–을/를 쓰다	–을/를 입다	–을/를 신다
모자 안경	바지 치마	구두 양말
면사포	양복 티셔츠	운동화

2

흔들다

강아지가 사람을 보고 꼬리를 흔듭니다.

마중 나온 친구들이 사라를 보고 손을 흔들었습니다.

벌써 / 아직

제 아들이 벌써 스무 살입니다.

이 회사에 취직한 지 벌써 5년이 되었습니다.

오전 9시인데 아직 일어나지 않았습니다.

ㅎ 동사

	- 고	- ㅂ / 습니다	-(으)ㄴ	- 아 / 어서
하얗다	하얗고	하얗습니다	하얀	하얘서
파랗다	파랗고	파랗습니다	파란	파래서
빨갛다	빨갛고	빨갛습니다	빨간	빨개서
그렇다	그렇고	그렇습니다	그런	그래서

1

AV-(으)ㄴ 적이 있다 / 없다

저는 시내에서 길을 잃은 적이 있습니다.   I have been lost in downtown.

한국에 오기 전에 한국어를 배운 적이 있습니까?

Have you ever learned Korean before you came to Korea?

마이클은 제주도에 가 본 적이 없습니다.   Mike has never been to Jeju.

저는 친구에게 거짓말을 한 적이 없습니다.   I have never lied to my friends.

2

AV-고 있다

민수는 티셔츠와 청바지를 입고 있습니다.

Minsu is wearing a T-shirt and jeans.

모자를 쓰고 있는 사람이 데니스입니다. The person wearing a hat is Denis.

사라는 오늘 검은색 구두를 신고 있습니다.

Sarah is wearing black shoes today.

N(이)라서

저는 외국인이라서 한국어를 잘 못합니다.

Because I am a foreigner, I can't speak Korean well.

요즘은 장마철이라서 항상 우산을 가지고 다닙니다.

Because it is the rainy season, I always bring an umbrella.

오늘은 휴일이라서 차가 많이 막힙니다.

Because it is a holiday today, there is a lot of traffic.

여기는 공공장소라서 조용히해야 합니다.

Because it is a public place, you have to be quiet.

1

> 쓰다   다가가다   흔들다   양복
>
> 하얗다   입다   신다   웨딩드레스

1 저는 검은색 티셔츠보다 __________ 색 티셔츠를 좋아합니다.

2 짧은 치마를 __________(으)ㄴ 여자가 저의 여동생입니다.

3 작은 신발을 __________(으)면 발이 아픕니다.

4 멀리서 아버지가 손을 __________고 계셨습니다.

5 예식장에서 신랑은 __________ 을/를 입고 신부는 __________ 을/를 입습니다.

2

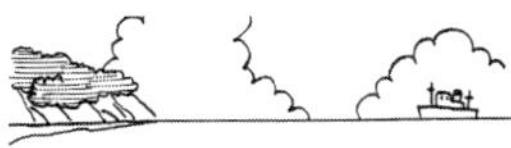

바다에 간 적이 있습니다.

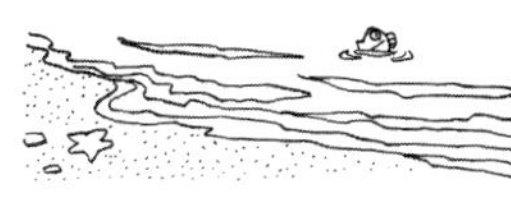

바다에 간 적이 없습니다.

1

____

____

2 

3 

4 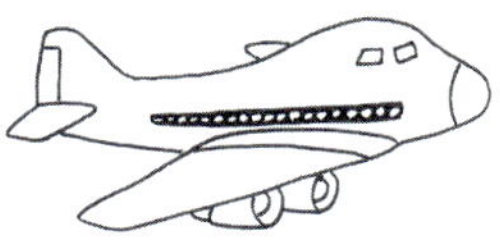

5 

3

겨울　휴일　여름　외국인　방학　시험　결혼식

1 저는 <u>외국인이라서</u> 한국어를 잘 못 합니다.

2 __________ 그런지 날씨가 너무 덥습니다.

3 내일부터 __________ 여행 계획을 세우고 있습니다.

4 이번 일요일이 친구의 __________ 정장을 샀습니다.

5 오늘은 __________ 은행이 쉽니다.

4

가: 무엇을 입고 있습니까?

나: <u>원피스를 입고 있습니다.</u>

1

가: 무엇을 입고 있습니까?

나: __________________________

2

가: 무엇을 입고 있습니까?

나: __________________________

3

가: 무엇을 쓰고 있습니까?

나: __________________________

4

가: 무엇을 신고 있습니까?

나: __________________________

5 

가: 무엇을 끼고 있습니까?

나: ______________________________________

오늘은 하늘이 참 _______ 아 / 어요. (파랗다) ➡ <u>파래요</u>

1 제임스 씨는 피부가 _______ 아 / 어요. (하얗다)

➡ ______________

2 친구에게서 _______ (으)ㄴ 장미를 받았습니다. (빨갛다)

➡ ______________

3 이 _______ (으)ㄴ 셔츠가 _______ 아 / 어요? (노랗다, 어떻다)

➡ ______________

4 유강 씨는 머리가 _______ (으)ㄴ 색입니다. (까맣다)

➡ ______________

1 읽고 답하십시오.

마이클은 아직 한국어를 잘 못하기 때문에 공부를 도와 줄 친구를 사귀고 싶었습니다. 그래서 민수에게 부탁했습니다. 오늘 민수가 소개해 줄 친구와 시내에 있는 커피숍에서 만나기로 했습니다. 민수는 오늘 바빠서 오지 않을 것입니다.

두 사람은 한 번도 만난 적이 없기 때문에 서로 얼굴을 모릅니다. 그래서 친구는 청바지와 하얀 티셔츠를 입기로 하고 마이클은 청바지와 노란 남방을 입고 파란 야구 모자를 쓰고 가기로 했습니다.

오늘은 토요일이라서 그런지 커피숍에 사람들이 아주 많았습니다. 마이클은 만나기로 한 친구를 찾았습니다. 그런데 청바지에 하얀 티셔츠를 입고 있는 사람이 너무 많았습니다.

"마이클 씨입니까? 안녕하세요, 저는 민수 친구 오유진이라고 해요."

"안녕하세요? 그런데 저를 어떻게 알았어요?"

"마이클 씨가 외국인이라서 금방 알았어요."

1 마이클은 오늘 어디에 갔습니까?

____

2 두 사람의 옷차림을 설명하십시오.

• 마이클 : _______________________________________

• 오유진 : _______________________________________

3 오유진은 어떻게 금방 마이클을 찾았습니까?

____

<table>
<tr><td>**2**</td><td>그림을 보고 외모와 옷차림을 쓰십시오.</td></tr>
</table>

키가 크고 날씬한 여자입니다.

머리에 모자를 쓰고 있습니다.

____

____

____

<table>
<tr><td>**3**</td><td>자신이나 친구의 외모와 옷차림을 쓰십시오.</td></tr>
</table>

이　　름	
외　　모	
옷 차 림	

22. 여행을 하기 전에 자전거를 맡겼습니다.

단원의 **학습목표** 1. 여행지와 여행 경험을 표현할 수 있다.
2. 행위의 전후 관계와 의도를 표현한다.

마이클은 한국에서 아직 여행을 한 적이 없습니다. 그래서 이번 연휴에 4박 5일 동안 유강과 함께 자전거 여행을 하기로 했습니다. 자전거를 타고 경주에 가려고 합니다. 두 사람은 자전거를 아주 잘 탑니다.

마이클은 자전거 여행을 하기 전에 자전거를 점검하려고 오늘 수리점에 맡겼습니다. 고장이 난 것은 아니지만 3년이나 탔기 때문에 여행을 떠나기 전에 점검이 필요합니다.

마이클은 경주 지리를 전혀 모르기 때문에 오는 길에 서점에 들러서 경주 지도를 한 장 샀습니다. 이제 모든 준비가 끝나서 마음이 놓입니다.

아직
연휴
4박 5일
점검하다
수리점
맡기다
고장이 나다
지리
전혀
들르다
준비
마음이 놓이다

⑦ 알아 봅시다.

1 마이클은 이번 연휴에 누구와 무엇을 할 계획입니까?
2 마이클은 여행을 떠나기 전에 무엇을 준비했습니까?

1

여행

일정	배낭여행	신혼여행	졸업여행
−박 −일	숙소	호텔	민박
민속촌	계곡	섬	폭포

2

떠나다

영수는 미국으로 떠난 후에 소식이 없습니다.

물고기는 물을 떠나서는 살 수 없습니다.

우리는 내일 아침에 여행을 떠날 것입니다.

3

마음이 놓이다 / 마음을 놓다

시험이 다 끝나서 마음이 놓입니다.

동생이 아직 돌아오지 않아서 마음이 놓이지 않습니다.

우리 팀의 경기가 끝날 때까지 마음을 놓을 수 없습니다.

AV- 기 전에

음식을 먹기 전에 손을 씻어야 합니다.

We should wash our hands before eating food.

에어컨을 켜기 전에 문을 닫으십시오.

Close the door before turning on the air-conditioner.

슈퍼마켓에 가기 전에 살 물건을 미리 메모합니다.

I make a list of the things to buy before going to the supermarket.

잊어버리기 전에 수첩에 전화번호를 적겠습니다.

I will write down the phone number before I forget.

N(이)나

배가 고파서 빵을 세 개나 먹었습니다.

Because I was hungry, I ate three pieces of bread already.

저는 한국어를 공부한 지 2 년이나 됐습니다.

I have already studied Korean for 2 years.

오늘 백화점에서 10 만원이나 썼습니다.

I already spent 100,000won at the department store today.

올해에는 고향에 벌써 다섯 번이나 다녀왔습니다.

I have already been to my hometown five times this year.

3

전혀

제인은 한국어를 전혀 못합니다.

Jane cannot speak Korean at all.

저 사람이 누구인지 전혀 모르겠습니다.

I don't know him at all.

저녁을 먹었는데 전혀 배가 부르지 않습니다.

Although I ate dinner, I am not full at all.

4

AV-(으)려고

고향에 가려고 비행기 표를 예약했습니다.

I booked a plane ticket to go to my home town.

한국어 공부를 열심히 하려고 사전을 샀습니다.

I bought a dictionary to study Korean hard.

선생님과 악수를 하려고 장갑을 벗었습니다.

I took off my gloves to shake hands with the teacher.

1

> | | | | |
> |---|---|---|---|
> | 숙소 | 예약 | 배낭여행 | 6박 7일 |
> | 지도 | 떠나다 | 맡기다 | 지리 |

1 민수는 양복 수선을 __________(으)려고 세탁소에 갔습니다.

2 비행기를 타기 전에 여행사에서 미리 __________ 했습니다.

3 방학에 __________ 일정으로 __________ 을 / 를 하려고 합니다.

4 데니스는 __________ 을/를 잘 몰라서 길을 잃은 적이 많습니다. 그래

　서 오늘 서점에서 __________ 을 / 를 한 장 샀습니다.

5 저는 졸업하면 고향을 __________고 싶습니다.

6 이 곳이 우리가 일주일 동안 묵을 __________ 입니다.

2

> 화장을 하다 ➡ 외출하다
>
> <u>외출하기 전에 화장을 합니다.</u>

1 손을 씻다 ➡ 식사를 하다

____

2 약속을 하다 ➡ 친구와 만나다

____

3 집에 도착했다 ➡ 비가 오다

____

4 청소를 끝냈다 ➡ 손님이 도착하다

____

3

➡ 어제는 도서관에서 1 시간 공부했는데,

오늘은 도서관에서 5 시간이나 공부했습니다.

1

➡ 지난 주말에는 저희 집에 손님이 2 명 왔는데,

2

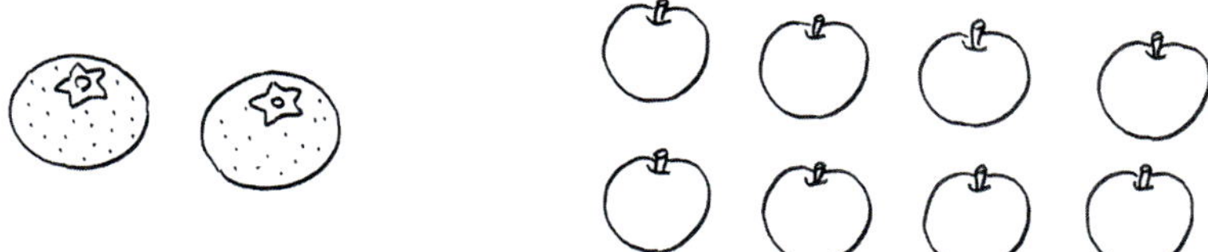

➡ 시장에서 오렌지는 2 개 샀는데,

3

➡ 배낭여행할 때 첫째날은 5 시간만 걸었는데,

276

4  

➡ 저는 고양이를 한 마리만 기르지만,

____

5 나  동생

➡ 나는 청바지가 한 벌 있는데,

____

4

수미는 술을 마십니다.

➡ <u>수미는 술을 전혀 마시지 않습니다.</u>

1 그는 담배를 피웁니다.

➡ ____________________________

2 그는 거짓말을 합니다.

➡ ____________________________

3 개가 음식을 먹습니다.

➡ ____________________________

5

1 통장을 만들다	•	• 표를 예매하다
2 영화를 보다	•	• 라디오를 켜다
3 손을 씻다	•	• 은행에 가다
4 음악을 듣다	•	• 운동을 하다
5 살을 빼다	•	• 화장실에 가다

1 통장을 만들려고 은행에 갔습니다.

2 ____________________________

3 ____________________________

4 ____________________________

5 ____________________________

Activity 활동

1 읽고 답하십시오.

유채꽃 관광 및 한라산 등반

(부산 ⇔ 서귀포)

"꿈의 섬 제주도" 를 싸게 다녀올 수 있는 기회!

배 위에서 아름다운 남해를 감상하며, 연인과 함께 낭만을!!

- 출발일 : 6 월 14 일 / 21 일(토요일 출발 1 박 2 일)

- 숙   소 : 호텔 2 인 1 실, 식사 4 식

- 회   비 : 1 인 99,000 원(추가 비용 전혀 없음)

☞ **여행 일정**

일자	지역	교통편	시간	일정
1 일	부산	전용 버스	11:00	부산 시민회관 출발
	부산	여객선	13:00	부산 여객 터미널
				배 안에서 점심
	제주	전용 버스	18:30	제주항 도착: 유채꽃 관광→성읍 민속마을→일출봉
				숙소에서 저녁
2 일	제주	전용 버스	07:00	한라산 입구 도착
			07:30 ~15:00	한라산 등반
	부산	여객선	16:00	제주항 출발
			21:00	부산 여객 터미널 도착
	부산	전용 버스	23:00	부산 시민회관 도착

1 여행 기간은 며칠입니까?

____

2 숙소에서 몇 명이 함께 잠을 잡니까?

____

3 제주도에서 무엇을 합니까?

____

 여행지 안내문을 만들어 보십시오.

1 아래 그림에서 여행지와 숙소, 일정 등을 선택해 봅시다.

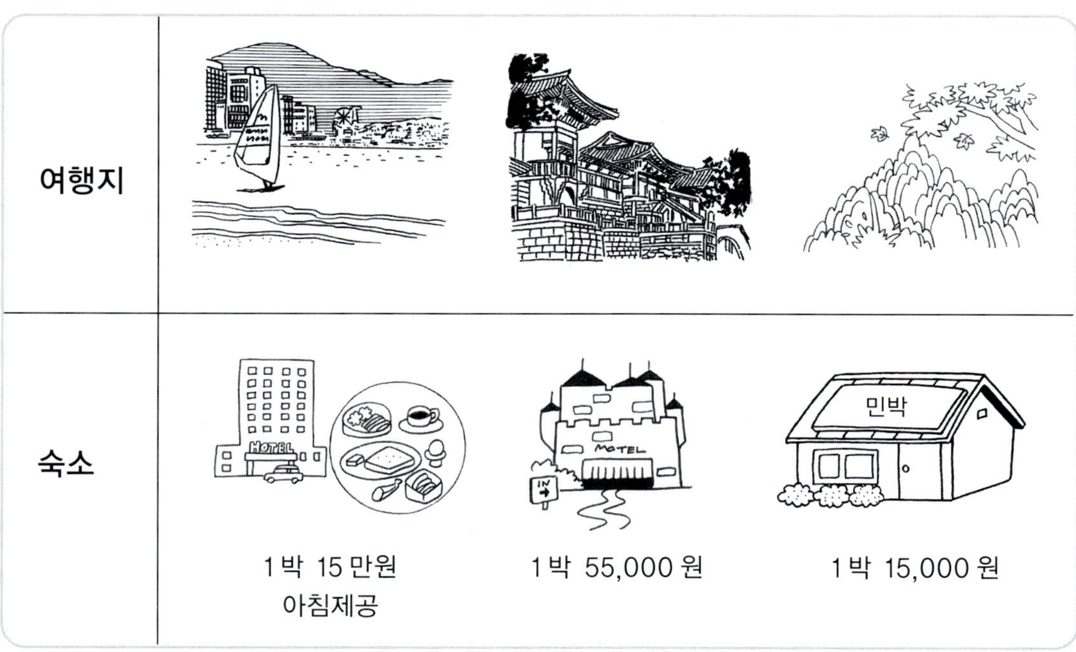

교통	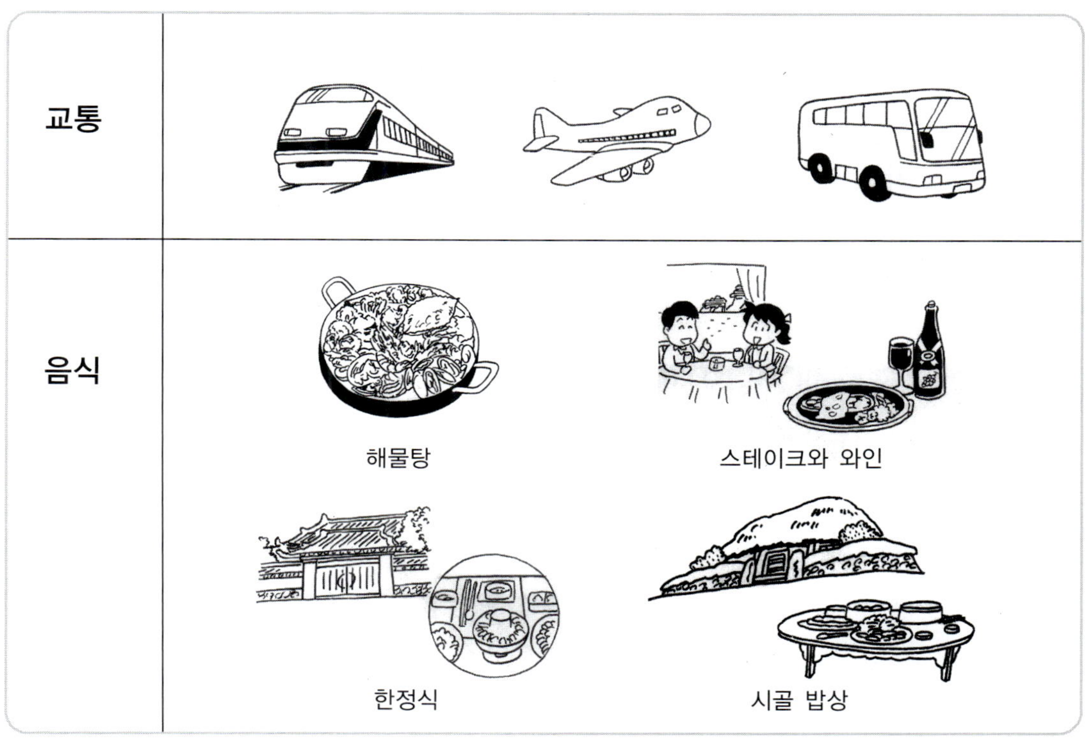
음식	해물탕 스테이크와 와인 한정식 시골 밥상

2 선택한 일정으로 여행지 안내문을 만드십시오.

\- 출발일 :

\- 숙　소 :

\- 회　비 :

형용사 Ⅱ

싸다

비싸다

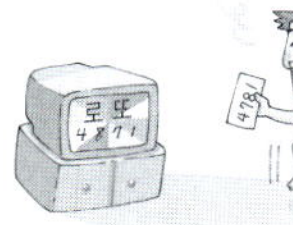

기쁘다

슬프다

쉽다

어렵다

가볍다

무겁다

낮다

높다

넓다

좁다

23. 이제 다 나은 것 같습니다.

단원의 **학습목표**　　1. 병명과 몸의 증상을 표현할 수 있다.
　　　　　　　　　　2. 이유와 상태 변화, 추측을 표현한다.

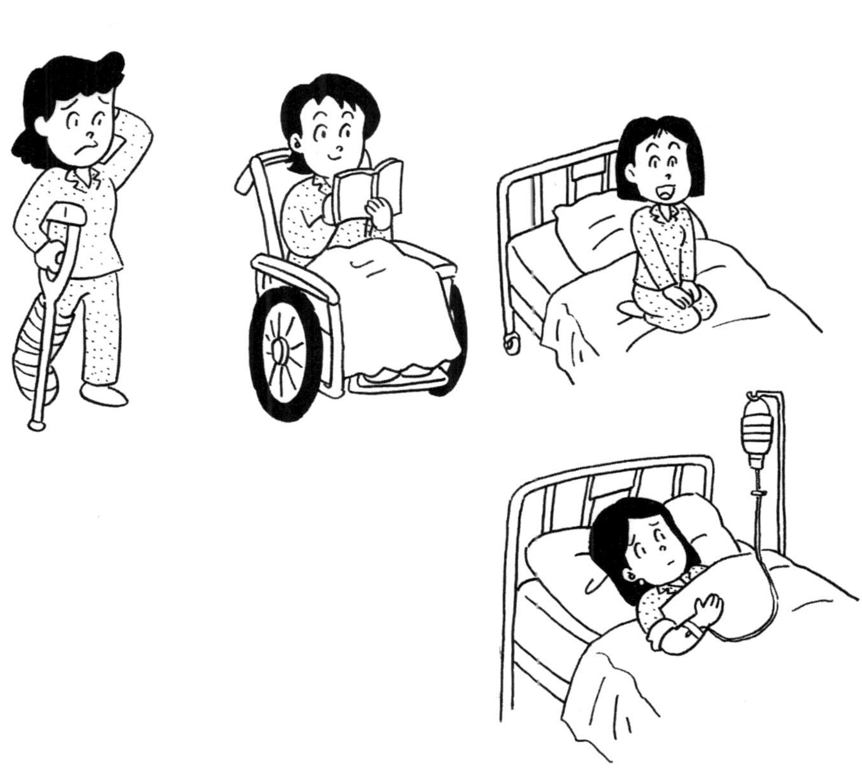

요즘 날씨가 추워져서 감기에 걸리는 사람들이 많습니다. 나오미도 감기가 너무 심해서 병원에 입원했습니다. 3일이나 결석을 했습니다. 그래서 오늘 유강과 수미는 나오미에게 병문안을 갔습니다.

나오미의 병실에는 4명의 환자가 있었습니다. 다리에 깁스를 하고 있는 사람도 있고, 휠체어에 앉아서 책을 읽고 있는 사람도 있었습니다. 나오미는 팔에 링거를 꽂고 침대에 누워 있었습니다. 환자복을 입고 있어서 더 살이 빠진 것 같았습니다.

"나오미 씨, 몸은 어떻습니까?"

"이제 다 나은 것 같습니다."

"그래도 아직 몸이 아프니까 누워 계십시오."

Word

요즘
추워지다
감기에 걸리다
심하다
입원하다
병문안
병실
환자
다리
깁스를 하다
휠체어
팔
링거를 꽂다
환자복
눕다
살이 빠지다
이제
낫다

❓ **알아 봅시다.**

1 언제 감기에 잘 걸립니까?
2 나오미는 병원에서 어떻게 있습니까?

Vocabulary 어휘

1

신체

눈	코	입	귀
어깨	가슴	배	허리
팔	손	다리	발

2

병원

내과	외과	치과	안과
이비인후과	피부과	소아과	산부인과

3

심하다

마취를 하지 않으면 통증이 너무 심합니다.

오늘은 바람이 매우 심하게 붑니다.

ㅅ 동사

	-고	-ㅂ/습니다	-(으)ㄴ	-아/어서
낫다	낫고	낫습니다	나은	나아서
짓다	짓고	짓습니다	지은	지어서
긋다	긋고	긋습니다	그은	그어서
젓다	젓고	젓습니다	저은	저어서

1

V-(으)니까

시간이 없으니까 택시를 타고 갑시다. Because we have no time, let's take a taxi.

날씨가 더우니까 시원한 음료수를 마십시다.

Because it is hot, let's have a cold drink.

다음 주에 시험을 치니까 열심히 공부하십시오.

Because there is an exam next week, study hard.

밖에 비가 오니까 우산을 준비하십시오.

Because it is raining outside, prepare an umbrella.

2

DV-아 / 어 / 여지다

3월부터 따뜻해집니다. It will get warmer from March.

개강한 후에는 바빠질 겁니다. It will get busy after classes begin.

저는 학교생활에 점점 익숙해졌습니다.

I gradually became more comfortable with my school life.

AV-(으)ㄴ / 는 것 같다

밖에 손님이 온 것 같습니다.　　It seems there are guests outside.

민수는 벌써 여행을 떠난 것 같습니다.　It seems Minsu already left for his trip.

많은 사람들이 이 소설을 읽는 것 같습니다.

It seems a lot of people read this novel.

마이클은 한국어를 열심히 공부하는 것 같습니다.

It seems Mike studies Korean very hard.

1

다리	이비인후과	병문안	치과	휠체어
심하다	입원하다	눕다	배	깁스

1 다리를 다쳐서 걷지 못합니다. 그래서 __________ 을 / 를 탑니다.

2 상한 음식을 먹어서 지금 __________ 이 / 가 아픕니다.

3 이가 아프면 __________ 에 가야 하고, 귀나 목이 아프면 __________

에 가야 합니다.

4 친구가 병원에 __________ 아 / 어 / 여서 __________ 을 / 를 가려고

합니다.

5 어제 넘어져서 팔을 다쳤습니다. 그래서 __________ 을 / 를 했습니다.

2

시간이 없다, 택시를 타다

➡ 시간이 없으니까 택시를 탑시다.

➡ 시간이 없으니까 택시를 타십시오.

1 시험기간이다, 열심히 공부하다

➡ ____

➡ ____

2 바람이 불다, 창문을 닫다

➡ ____

➡ ____

3 방이 어둡다, 불을 켜다

➡ ____

➡ ____

4 비가 오다, 우산을 쓰다

➡ ____

➡ ____

3

아침에는 날씨가 따뜻했습니다. 지금은 춥습니다.

➡ 날씨가 추워졌습니다.

1 제니는 몸이 약했습니다. 지금은 튼튼합니다.

   ➡ _______________________________________

2 나오미는 친구가 별로 없었습니다. 지금은 많습니다.

   ➡ _______________________________________

3 데니스는 한국어가 어려웠습니다. 지금은 쉽습니다.

   ➡ _______________________________________

4 마이클은 얼굴이 하얗습니다. 지금은 빨갛습니다.

   ➡ _______________________________________

5 유강은 한국 생활이 불편했습니다. 지금은 익숙합니다.

   ➡ _______________________________________

4

비가 오는 것 같습니다.

1

2

3

4

약을 먹은 후에 감기가 ____았 / 었 / 였습니다.   (낫다)

➡ 나았습니다

1 아름다운 바닷가에 집을 __________았 / 었 / 였습니다. (짓다)

   ➡ __________________

2 커피에 물을 ________(으)ㄴ 후 잘________(으)십시오. (붓다, 젓다)

   ➡ __________ , __________

3 모르는 단어에 밑줄을 __________았 / 었 / 였습니다. (긋다)

   ➡ __________________

 **1** 읽고 답하십시오.

1 서로 줄을 이으십시오.

(가) 진찰실에 들어가서 의사 선생님께 증상을 말합니다.

(나) 진료신청서를 작성해서 의료보험증, 주민등록증과 함께 창구에 냅니다.

(다) 약국에 가서 처방전과 의료보험증을 내고 약을 삽니다.

(라) 수납 창구에서 진료비를 낸 후에 진료비 영수증과 처방전을 받습니다.

2 순서를 쓰십시오.

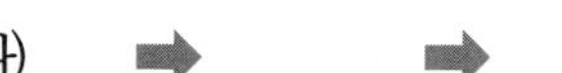

(나) ➡ 　 ➡ 　 ➡

번호	이름	내 용
1	민 수	감기에 걸렸습니다. 콧물이 많이 나와서 공부를 할 수가 없습니다. 어떻게 하면 감기가 나을까요?

나의 생각 ______________________________

____

번호	이름	내 용
2	마이클	저는 한국에 온 후로 잠을 잘 수가 없습니다. 그래서 낮에는 학교에서 자주 좁니다. 저녁에 잠을 푹 잘 수 있는 방법을 알려 주십시오.

나의 생각 ______________________________

____

번호	이름	내 용
3	나오미	어제 상한 음식을 먹은 것 같습니다. 배가 아파서 자주 화장실에 갑니다. 어떻게 하면 배가 안 아플까요?

나의 생각 ______________________________

____

24 사진을 찍으면 안 됩니다.

단원의 **학습목표**
1. 공공장소의 안내문을 읽고 이해한다.
2. 가정, 금지와 허용, 시도를 표현한다.

유강은 친구들과 함께 박물관에 갔습니다. 오늘은 평일이라서 관람객이 별로 없었습니다. 1층은 한국의 역사와 문화, 2층은 옛날 사람들의 생활 모습을 소개하는 곳이고, 3층은 연이나 도자기 등의 물건을 만들어 보는 곳입니다. 만약 이곳에서 만들어 보려면 하루 전에 신청해야 합니다.

유강이 카메라를 꺼내는 것을 본 관리인이 말했습니다.

"3층에서는 사진을 찍어도 되지만, 1층과 2층에서는 사진을 찍으면 안 됩니다."

유강은 엽서를 한 통 샀습니다. 엽서에는 박물관에서 본 유물 중에서 가장 유명한 것들이 모두 있었습니다.

Word
박물관
관람객
문화
옛날
생활
모습
연
도자기
등
만약
신청하다
꺼내다
관리인
엽서
통
유물

? 알아 봅시다.

1 박물관 3층은 어떤 곳입니까?
2 유강은 왜 엽서를 샀습니까?

어휘

1

공공기관

박물관	시청	대사관
병원	학교	출입국관리소
법원	경찰서	동사무소

(N 중에서) 가장

한국에서 가장 큰 섬은 제주도입니다.

일 년 중에서 8월이 가장 덥습니다.

1

AV-(으)려면

시청에 가려면 201 번 버스를 타십시오.

To go to city hall, take the number 201 bus.

비행기를 타려면 먼저 표를 예매해야 합니다.

To take a plane, you have to book the ticket in advance.

책을 빌리려면 학생증을 가지고 오십시오.

To check out a book, please bring the student card.

카드로 돈을 찾으려면 현금인출기를 이용하십시오.

To withdraw money with a card, use an ATM.

2

AV-아 / 어 / 여도 되다

수업이 끝나면 밖에 나가도 됩니다. You may go outside when the class is over.

이 자리에 앉아도 됩니까? May I sit here?

오후에 선생님께 전화해도 됩니까? May I call you in the afternoon?

3

AV-(으)면 안 되다

이 곳에 차를 세우면 안 됩니다.   You shouldn't park here.

도서관에서 떠들면 안 됩니다.   You shouldn't make noise in the library.

공원에서 꽃을 꺾으면 안 됩니다.   You shouldn't take flowers in the park.

여기서 담배를 피우면 안 됩니다.   You shouldn't smoke here.

4

AV-아 / 어 / 여 보다

저는 친구들과 경주에 가 보았습니다.   I have been to Gyeongju with my friends.

제가 만든 음식인데 한번 먹어 보십시오.   I made this food, Please try some.

이 소설은 어렸을 때 읽어 보았습니다.   I have read this book when I was young.

나도 그 친구와 이야기해 본 적이 있습니다.   I have talked to that friend.

1

박물관　　　　문화　　　　현금인출기　　　유명하다

관리인　　　　옛날　　　　신청하다　　　　관람객

1 한국 유물을 보기 위해 ＿＿＿＿＿에 갑니다.

2 연극을 보는 ＿＿＿＿＿들은 핸드폰을 꼭 끄셔야 합니다.

3 현금이 필요하면 ＿＿＿＿＿을 / 를 이용하세요.

4 부산에서 가장 ＿＿＿＿＿(으)ㄴ 해수욕장은 해운대입니다.

5 한국 사람들은 ＿＿＿＿＿에 한복을 입었습니다.

2

가: 박물관에 어떻게 갑니까? (51번 버스를 타다)

나: 박물관에 가려면 51번 버스를 타세요.

1 가: 옷을 싸게 사고 싶습니다. (시장에 가다)

나: ＿＿＿＿＿＿＿＿＿＿＿＿＿＿＿＿＿＿＿＿＿＿＿＿＿＿＿＿＿＿

2 가: 해외여행을 가고 싶은데 무엇이 필요합니까? (여권이 필요하다)

   나: ____

3 가: 한국어 발음을 잘하려면 어떻게 해야 합니까?

   나: ____

4 가: ____ ?

   나: 시험을 잘 보려면 열심히 공부하세요.

3

사진을 찍어도 됩니다.

사진을 찍으면 안됩니다.

1 _______________________

2 _______________________

3 ______________________

4 ______________________

5 ______________________

6 ______________________

먹다　입다　연습하다　가다　만나다　묻다　찾다

1 이것은 제가 만든 음식인데 한번 <u>먹어 보세요</u>.

2 이 치마가 마음에 드는데 ____________고 싶습니다.

3 학교 앞에 새로 생긴 식당이 있는데 한번 ____________(으)ㄹ까요?

4 오늘 공부한 것을 집에 가서 ____________(으)세요.

5 모르는 단어가 있으면 사전을 ____________아 / 어 / 여야겠습니다.

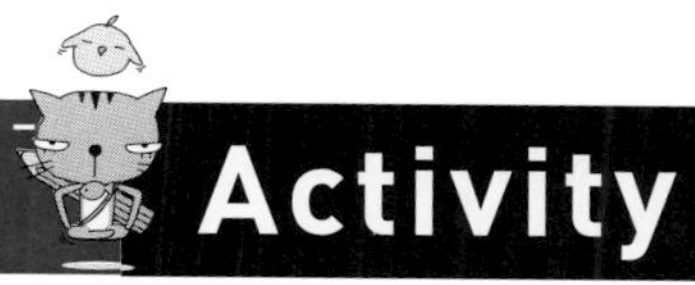

1 읽고 표를 완성하십시오.

나는 수업이 없을 때 자주 도서관에 갑니다. 우리 학교 도서관은 건물은 오래 되었지만 시설은 아주 좋습니다. 의자가 편안하기 때문에 거기에 앉아서 책을 읽으면 편안합니다. 나는 책 읽는 것을 좋아합니다. 도서관에는 항상 새로운 책이 들어오기 때문에 자주 도서관에 가게 됩니다. 자료실에 쭉 서 있는 책꽂이에서 마음에 드는 책을 찾는 일이 기분 좋습니다. 일주일에 한번 정도는 시청각 자료실에서 DVD 를 시청합니다.

시험기간에는 주로 열람실에서 공부를 합니다. 공부를 하다가 피곤하면 휴게실에서 커피도 한잔 마시고 친구와 이야기도 합니다. 열람실 안에서는 음료수나 음식물을 먹으면 안 됩니다. 휴대전화도 당연히 사용하면 안 됩니다. 그런데 가끔 이런 것을 어기는 사람이 있어서 기분이 나쁠 때도 있습니다.

도서관에 언제 갑니까?	수업이 없을 때
무엇이 있습니까?	편안한 의자, 자료실, _________________
무엇을 합니까?	책을 읽는다, _________________ _________________
무엇을 지켜야 합니까?	_________________ _________________

2 아래 장소에 대해서 쓰십시오.

영화관	언제 갑니까?	
	무엇이 있습니까?	
	무엇을 합니까?	
	무엇을 지켜야 합니까?	

나는 주로   에 영화관에 갑니다.

25 한복을 갈아입고 나서 차례를 지냈습니다.

KEYPoint

단원의 **학습목표**　　1. 한국의 명절을 이해한다.
　　　　　　　　　　 2. 연속적이거나 동시적인 사태를 도현한다.

오늘은 추석이라서 수미는 아침부터 아주 바빴습니다. 일찍 일어나서 차례를 지내기 위해 어머니를 도와서 상을 차렸습니다. 수미 가족은 한복으로 갈아입고 나서 차례를 지냈습니다.

오후에는 아버지를 따라 성묘를 갔습니다. 길이 너무 막혀서 도로가 마치 아주 넓은 주차장과 같았습니다.

저녁에는 마이클이 왔습니다. 마이클은 오자마자 부모님께 큰절을 하면서 말했습니다.

"새해 복 많이 받으세요!"

"마이클 씨, 그건 설날에 하는 인사예요!"

마이클의 얼굴이 빨개졌습니다.

우리는 함께 한국의 추석 음식인 송편을 빚으면서 이야기를 나누었습니다.

Word
대청소
추석
상
한복
갈아입다
차례를 지내다
성묘
막히다
큰절
설날
송편
빚다
이야기를 나누다

⑦ 알아 봅시다.

1 수미는 어디에 다녀왔습니까?
2 왜 마이클의 얼굴이 빨개졌습니까?

1

명절

추석	송편	설	떡국
한복	성묘	차례	윷놀이

2

지내다

요즘 친구들과 재미있게 지내고 있습니다.

일 년에 두 번 제사를 지냅니다.

1

AV- 고 나서

숙제를 끝내고 나서 TV 를 보았습니다.

I watched TV after my homework.

저는 대학을 졸업하고 나서 취직하기로 했습니다.

I decided to work after graduating from college.

식사하고 나서 커피를 한 잔 마시고 싶습니다.

I want to have a cup of coffee after the meal.

결혼하고 나서 부모님의 사랑을 깨달았습니다.

I realized what parental love is after getting married.

2

AV- 기(가) 어렵다 / 쉽다

저 산은 높아서 올라가기가 어렵습니다.

It is difficult to climb that mountain because it is high.

지도가 없으면 배낭여행을 하기 어렵습니다.

It is difficult to take a back-packing trip without a map.

전자사전이 있어서 모르는 단어를 찾기 쉽습니다.

It is easy to find unknown words because I have an electronic dictionary.

3

AV– 자마자

버스에서 내리자마자 비가 쏟아졌습니다.

As soon as I got off the bus, it started to pour.

고향에 도착하자마자 부모님께 전화를 드렸습니다.

As soon as I arrived in my hometown, I called my parents.

배가 고파서 집에 가자마자 식사부터 했습니다.

As soon as I got home, I had my meal because I was starving.

4

DV– 게

수미는 옷을 예쁘게 입었습니다.　　　　　Sumi dressed nicely.

동생과 사이좋게 지냅니다.　　　　I am getting along with my brother.

어제는 모두 재미있게 놀았습니다.　　　　All of us had fun yesterday.

1

차례	송편	차가 막히다	윷놀이
빨개지다	한복	떡국	성묘

1 어제는 친구들과 __________을 / 를 하면서 재미있게 지냈습니다.

2 설에는 ________을 / 를 먹고 추석에는 ________을 / 를 먹습니다.

3 명절 아침에는 집에서 __________을 / 를 지냅니다.

4 민수는 술을 많이 마시면 얼굴이 __________ ㅂ / 습니다.

5 오늘은 __________아 / 어 / 여서 지각했습니다.

2

1 준비 운동을 하다	• 날씨가 더 추워졌다
2 책을 다 읽다	• 건강의 소중함을 알았다
3 친구와 싸우다	• 수영을 하다
4 눈이 오다	• 친구에게 빌려주다
5 병에 걸리다	• 많이 후회했다

1 준비 운동을 하고 나서 수영을 합니다.

2

3

4

5

수영을 배우다

➡ 수영을 버우기 어렵습니다.

수영을 배우다

➡ 수영을 태우기 쉽습니다.

1 한국 노래를 부르다

➡

2  한자를 읽다

➡

3 운전을 하다

➡ _______________________

4 자전거를 타다

➡ _______________________

5 김치찌개를 만들다

➡ _______________________

4

가: 한국에 오면 꼭 연락하십시오. (공항에 도착하다)

나: <u>공항에 도착하자마자 전화하겠습니다.</u>

1 가: 나오미 씨는 집에 갔습니까? (수업이 끝나다)

   나: _______________________

2 가: 언제 저녁식사를 할 겁니까? (친구를 만나다)

   나: _______________________

3 가: 집에 가면 무엇을 합니까?

나: ____

4 가: 아침에 일어나면 먼저 무엇을 합니까?

나: ____

5

> 친절하다   깨끗하다   크다   멋있다   친하다   예쁘다

제임스는 목소리가 아주 큽니다. 그래서 한국어 책을 읽을 때도 항상 **크게** 읽습니다. 마이클은 키가 크고 (1)_________ 생겨서 인기가 있습니다. 나오미는 얼굴도 예쁘고 글씨도 (2)_________ 씁니다. 수업이 끝나면 유강이 교실을 (3)_________ 정리합니다. 모르는 것이 있으면 선생님께서 (4)___________ 가르쳐 주십니다. 우리는 친구들과 서로 (5)_________ 지냅니다.

1 읽고 물음에 답하십시오.

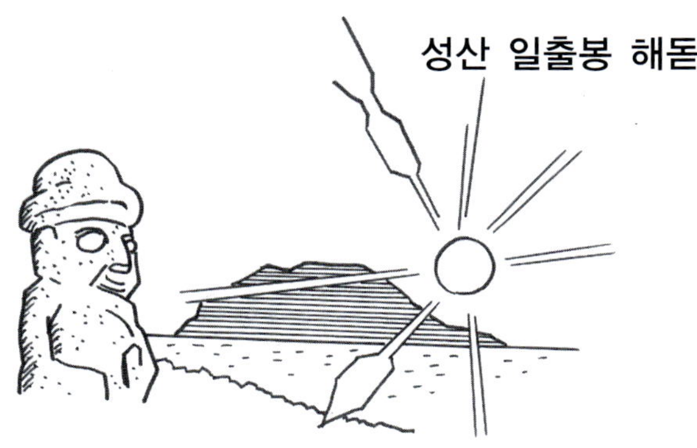

새해 첫날을 특별하게 보내고 싶은 분을 초대합니다!
떠오르는 해를 감상하면서 한 해의 계획을 세워 보십시오.
여러분에게 잊지 못할 추억이 될 것입니다.

⊙ 언제 : 12 월 31 일 ~ 1 월 1 일
⊙ 어디 : 제주도 남제주군 성산 일출봉
⊙ 무엇 : 신년음악회, 달집 액 태움, 새해 폭죽 놀이, 촛불 기원 행사 등
⊙ 오시는 길

　① 제주 시외버스 터미널에서 직행버스 이용

　　⇒ 1 시간 정도 걸림

　② 서귀포 시외버스 터미널에서 직행버스 이용

　　⇒ 40 분 정도 걸림

⊙ 문의

　성산일출제 축제위원회 : 064-123-4567

1 어디서 해돋이 축제를 합니까?

____

2 어떤 행사를 합니까?

____

3 제주시에서 버스를 타고 가면 얼마나 걸립니까?

____

2 파티나 축제 초대장을 쓰십시오.

____

_______________(으)로 여러분을 초대합니다!

____

____

____

◉ 언제 :

◉ 어디 :

◉ 무엇 :

◉ 오시는 길

◉ 문의

Answer 정답

1 안녕하십니까?

Exercise

1 ①은 ②은 ③는 ④은

2 ①는, 입니다 ②은, 입니다
③은, 입니다 ④는, 입니다

2 이것이 무엇입니까?

Exercise

1 ①이 ②이 ③가 ④은, 가 ⑤는, 이

2 ①그것은 한국어 책입니다.
②저것은 시계입니다.
③이것은 의자입니다.
④그것은 전화입니다.

3 ①× ②× ③○ ④○

2 ①아니요, 이것은 사과가 아닙니다.
②네, 저것은 공책입니다.
③네, 그것은 라디오입니다.
④아니요, 이것은 한국어 책이 아닙니다.

3 교실에 무엇이 있습니까?

Exercise

1 ①마이클 씨는 식당에 있습니다.
②수미 씨는 방에 있습니다.
③선생님은 교실에 있습니다.
④친구는 중국에 있습니다.

2 ①과 ②와 ③와 ④과

3 ①네, 칠판과 지도가 있습니다.

②네, 책상과 의자가 있습니다.
③아니요, 전화가 있습니다.
④네, 텔레비전이 있습니다.
⑤아니요, 학생이 있습니다.

4 책상 위에 연필이 있습니다.

Exercise

1

	ㅂ니다 / 습니다	ㅂ니다 / 습니까?
먹다	먹습니다	먹습니까?
사다	삽니다	삽니까?
많다	많습니다	많습니까?
읽다	읽습니다	읽습니까?
가르치다	가르칩니다	가르칩니까?
앉다	앉습니다	앉습니까?
공부하다	공부합니다	공부합니까?

2 ①를 ②을 ③를 ④을

3 ①사과를 먹습니다.
②책을 읽습니다.
③한국어를 가르칩니다.
④신문을 봅니다.

4 ①뒤 ②밑 / 아래 ③위 ④옆, 침대가

5 ①의자 위에 책이 있습니다.
②침대 옆에 전화가 있습니다.
③시계 밑에 지도가 있습니다. / 지도 위에 시계
가 있습니다.
④창문 앞에 책상이 있습니다.

| 5 | 유강은 영화관에 갑니다. |

Exercise

1 ① 맞은편 ② 오른쪽 ③ 왼쪽
④ 옷가게는 영화관 맞은편에 있습니다.
⑤ 은행은 식당 오른쪽에 있습니다. / 은행은 우
체국 맞은편에 있습니다.

2 ① 식당에서 점심을 먹습니다.
② 서점에서 책을 삽니다.
③ 우체국에서 편지를 보냅니다.
④ 커피숍에서 커피를 마십니다.
⑤ 학교에서 한국어를 배웁니다.

3 ① 책을 읽습니다. 신문도 읽습니다.
② 중국어를 배웁니다. 한국어도 배웁니다.
③ 미국에 갑니다. 일본에도 갑니다.
④ 다나카는 일본 사람입니다. 나오코도 일본 사
람입니다.

| 6 | 집이 몇 호입니까? |

Exercise

1 ① 저는 영어를 배우고 민수는 중국어를 배웁니다.
② 민지는 텔레비전을 보고 은지는 라디오를 듣습
니다.
③ 우리 가족은 네 명이고 수미의 가족은 다섯 명
입니다.
④ 저는 점심에 빵을 먹고 저녁에 밥을 먹습니다.

2 ① 스무 명입니다.
② 네 권입니다.
③ 칠 층입니다.
④ 천삼백오 호입니다.

3 ① 팔일사의 구칠삼삼
② 이삼일의 오삼공사
③ 구일공의 삼이칠육
④ 칠사오의 팔오공공

4 ① 책 두 권을 읽습니다.
② 기차표 다섯 장을 삽니다.
③ 개 세 마리가 있습니다.
④ 맥주 두 병을 마십니다.
⑤ 학생 한 명이 옵니다.

5 셋, 넷, 여섯, 여덟, 아홉, 열둘, 열셋, 열다섯, 열
일곱, 열여덟, 스물

| 7 | 마이클은 아침 6시에 일어났습니다. |

Exercise

1 ① 여섯 시 사십삼 분 ② 열한 시
③ 열두 시 반 / 열두 시 삼십 분
④ 열두 시 이십삼 분
⑤ 열 시 오십오 분 / 열한 시 오 분 전

2 ① 에 ② 부터, 까지 ③ 에 ④ 까지 ⑤ 에

3

	았 / 었 / 였습니다	았 / 었 / 였습니까?
살다	살았습니다	살았습니까?
만나다	만났습니다	만났습니까?
운동하다	운동했습니다	운동했습니까?
읽다	읽었습니다	읽었습니까?
배우다	배웠습니다	배웠습니까?
열다	열었습니다	열었습니까?
숙제하다	숙제했습니다	숙제했습니까?

4 ① 친구를 만났습니다.
② 오후 두 시부터 세 시 반까지

③오후 네 시에 영화관에 갔습니다.

④오후 네 시 사십오 분부터 일곱 시 십오 분까지 영화를 봤습니다.

⑤오후 일곱 시 삼십 분에 저녁을 먹었습니다.

8 나오미는 안왔습니다.

Exercise

1 ①커피를 마시고 있습니다.

②잠을 자고 있습니다.

③요리를 하고 있습니다.

④노래를 부르고 있습니다.

⑤영어를 가르치고 있습니다.

2 ①학교에 안 갑니다.

학교에 가지 않습니다.

②아니요, 잠을 안 잡니다.

아니요, 잠을 자지 않습니다.

③아니요, 사진을 안 찍습니다.

아니요, 사진을 찍지 않습니다.

④아니요, 공부를 안 합니다.

아니요, 공부를 하지 않습니다.

⑤아니요, 가방이 안 큽니다.

아니요, 가방이 크지 않습니다.

3 ①이번 주 일요일에 친구 집에 갈 것입니다.

②오늘 저녁에 영화를 볼 것입니다.

③이번 여름 방학에 책 5 권을 읽을 것입니다.

④내일 친구들과 함께 점심을 먹을 것입니다.

4 ①구월 오일에 친구들을 만날 겁니다.

②시월 팔일에 가족들과 저녁을 먹을 겁니다.

③오월 십구일부터 이십육일까지 친구들과 여행을 할 겁니다.

④칠월 십사일부터 팔월 삼십일까지 아르바이트를 할 겁니다.

9 마이클은 김치를 먹을 수 있습니다.

Exercise

1 ①나는 친구에게 편지를 보냅니다.

②수미는 마이클에게 전화를 합니다.

③어머니는 나에게 돈을 줍니다.

④나는 여자친구에게 꽃을 선물합니다.

2 ①서울에서 부산까지 기차로 2 시간 40 분 걸립니다.

②한국에서 일본까지 비행기로 1 시간 30 분 걸립니다.

③중국에서 한국까지 배로 5 시간 걸립니다.

④집에서 가게까지 자전거로 10 분 걸립니다.

3 ①운전을 할 수 있습니다.

②김치를 먹을 수 있습니다.

③노래를 부를 수 있습니다.

④자전거를 탈 수 있습니다.

4 ①에 ②에서 ③에 ④에서, 까지 ⑤에

10 한국어 선생님이 되고 싶습니다.

Exercise

1 ①밥을 먹고 싶습니다.

②친구를 만나고 싶습니다.

③나오미 씨는 제주도에 가고 싶어합니다.

④내년에 고향에 돌아가고 싶습니다.

2 ① 친구가 떠나서 섭섭합니다.
　 ② 김치가 매워서 많이 먹을 수 없습니다.
　 ③ 시간이 없어서 택시를 탔습니다.
　 ④ 머리가 아파서 약을 먹습니다.

3 ① 늦잠을 자서 수업에 늦었습니다.
　 ② 감기에 걸려서 학교에 결석했습니다.
　 ③ 지금 돈이 없어서 책을 사지 않습니다.
　 ④ 친구와 약속이 있어서 시내에 나갑니다.

4 ① 여행을 하고 싶지만 바쁩니다.
　 ② 여름은 덥지만 겨울은 춥습니다.
　 ③ 나는 김치를 좋아하지만 나오미 씨는 김치를
　　 싫어합니다.
　 ④ 밥을 많이 먹었지만 배가 고픕니다.

11 　아버지께서 신문을 읽으십니다.

Exercise

1 ① 스무 살　② 서른일곱 살　③ 여든세 살
　 ④ 마흔두 살　⑤ 예순네 살　⑥ 쉰일곱 살

2 ① 어머니께서 방을 청소하십니다.
　 ② 아버지께서 회사에 가십니다.
　 ③ 할아버지께서 손을 씻으십니다.
　 ④ 할머니께서 음식을 만드십니다.

3 ① 할머니께서 점심을 잡수십니다.
　 ② 부모님께 꽃을 드립니다.
　 ③ 아버지께서 침대에서 주무십니다.
　 ④ 선생님께서 이야기를 하고 계십니다.

4 ① 이야기를 하는 사람은 안나와 레이첼입니다.
　 ② 커피를 마시는 사람은 소라입니다.
　 ③ 신문을 읽는 사람은 유강입니다.
　 ④ 사과를 먹는 사람은 아크만입니다.

⑤ 창문을 여는 사람은 사오리입니다.

12 　비가 온 다음 날은 하늘이 맑습니다.

Exercise

1 ① 음악을 듣거나 책을 읽습니다.
　 ② 산책을 하거나 운동을 합니다.
　 ③ 눈이나 비가 오는
　 ④ 김밥이나 라면을 먹습니다.
　 ⑤ 등산을 하거나 영화를 볼

2 ① 서울 – 흐리고 비가 오다
　 ② 대전 – 비가 오다
　 ③ 대구 – 맑다
　 ④ 부산 – 바람이 불다
　 ⑤ 제주도 – 눈이 오다

3 ① 지난주에 빌린 책을 다 읽었습니다.
　 ② 지난 일요일에 만난 친구는 마이클입니다.
　 ③ 어제 식당에서 먹은 비빔밥은 매웠습니다.
　 ④ 오늘 제가 만든 음식은 아주 맛있었습니다.

4 ① 손님이 오시기 때문에
　 ② 바람이 불기 때문에
　 ③ 머리가 아프기 때문에
　 ④ 운동하기 때문에

13 　마실 물을 준비하려고 합니다.

Exercise

1 ① 노래를 부르면서 춤을 춥니다.
　 ② 커피를 마시면서 이야기를 합니다.
　 ③ 밥을 먹으면서 신문을 읽습니다.

④어머니를 생각하면서 편지를 씁니다.

2 ①수영을 배우려고 합니다.

②영화를 보려고 합니다.

③저녁을 먹으려고 합니다.

④고향에 돌아가려고 합니다.

3 ①만 ②도 ③만 ④만

4 ①공부할 교실 　　②먹을 음식

③볼 영화 　　　　④만들 음식

14 　주말이 평일보다 더 복잡합니다.

Exercise

1 ①4월이 3월보다 덥습니다.

②구두가 운동화보다 비쌉니다.

③비행기가 버스보다 빠릅니다.

④사과가 오렌지보다 많습니다.

2 ①구두를 사러 백화점에 갑니다.

②친구를 만나러 커피숍에 갑니다.

③편지를 보내러 우체국에 갑니다.

④돈을 찾으러 은행에 갑니다.

3 ①요리를 한 후에 음식을 먹습니다.

②영화를 본 후에 식사를 합니다.

③텔레비전을 본 후에 잠을 잡니다.

④돈을 찾은 후에 서점에서 책을 삽니다.

4 ①짧은 치마 　　②읽고 싶은 책

③매운 김치 　　④예쁜 여자 친구

15 　차린 것은 없지만 많이 드십시오.

Exercise

1 ①민수를 꽃을 사서 여자 친구에게 주었습니다.

②나는 불고기를 만들어서 친구들과 같이 먹었습니다.

③마이클은 내일 친구를 만나서 커피숍에 갈 겁니다.

④부모님께 편지를 써서 보냈습니다.

2 ①학교에 갈 때 　　②가족이 보고 싶을 때

③영화를 볼 때 　　④집에 있을 때

⑤떡볶이를 만들 때 　⑥목이 아플 때

3 ①배추로 김치를 만듭니다.

②오렌지로 주스를 만듭니다.

③닭으로 삼계탕을 만듭니다.

④소고기로 불고기를 만듭니다.

4

	-아 / 어 / 여 주다	-겠-
만들다	만들어 줍니다	만들겠습니다
사다	사 줍니다	사겠습니다
쓰다	써 줍니다	쓰겠습니다
읽다	읽어 줍니다	읽겠습니다
기다리다	기다려 줍니다	기다리겠습니다
찍다	찍어 줍니다	찍겠습니다
전화하다	전화해 줍니다	전화하겠습니다

16 　친구들이 저를 땅콩이라고 합니다.

Exercise

1 ①뚱뚱해서

②못생겼지만, 첫눈에 반했어요

③ 키가 커서

④ 멋있는

⑤ 날씬해서, 별명이

2 ① 저 꽃 이름을 장미라고 합니다.

② 이 음식을 삼계탕이라고 합니다.

③ 유강 씨 별명을 요리사라고 부릅니다.

④ 저를 공주라고 부르십니다.

3 ① 젓가락처럼　　② 영화배우처럼

③ 한국 사람처럼　④ 새처럼

⑤ 물개처럼　　　⑥ 호랑이처럼

4 ① 이것은 가죽 지갑인데 값이 너무 비쌉니다.

② 이분이 한국어 선생님이신데 키가 크십니다.

③ 이 가방이 좋은데 돈이 모자라서 살 수 없습니다.

④ 배가 고픈데 먹고 싶은 음식이 없습니다.

17　사물놀이를 연습해야 합니다.

Exercise

1 ① 강의실은　② 동아리　③ 결석했습니다

④ 쳤습니다　⑤ 학점이　⑥ 도서관

⑦ 매점

2 ① 조용히 해야 합니다.

② 공항에 가야 합니다.

③ 푹 쉬어야 합니다.

④ 열심히 운동해야 합니다.

⑤ 밥을 먹어야 합니다.

3 ① 열쇠를 잃어버렸기 때문에 문을 못 열었습니다.

열쇠를 잃어버렸기 때문에 문을 열지 못했습니다.

② 일이 많기 때문에 친구를 못 만납니다.

일이 많기 때문에 친구를 만나지 못합니다.

③ 비가 와서 등산을 못 갔습니다.

비가 와서 등산을 가지 못했습니다.

④ 배가 아파서 아침을 못 먹었습니다.

배가 아파서 아침을 먹지 못했습니다.

4 ① 못　② 안　③ 못　④ 안　⑤ 안

5 ① 알렉스는 멋있다.

② 영희는 키가 크다.

③ 나카야는 학교 식당에서 점심을 먹는다.

④ 나는 오늘 저녁에 친구를 만난다.

⑤ 우리는 일요일 아침마다 축구를 한다.

⑥ 오늘은 날씨가 참 좋다.

18　사람들이 환호하기 시작했습니다.

Exercise

1 ① 정도　② 스키를　③ 농구 선수

④ 응원한, 이겼습니다.　⑤ 축구를

2 ① 이번 학기부터 영어를 가르치기 시작했습니다.

② 작년부터 테니스를 배우기 시작했습니다.

③ 오전부터 눈이 내리기 시작했습니다.

④ 초등학교 때부터 한국에서 살기 시작했습니다.

⑤ 한국에 온 후부터 김치를 먹기 시작했습니다.

3 ① 학교에 오는 동안 음악을 듣습니다.

② 집에 있는 동안 청소를 합니다.

③ 친구를 기다리는 동안 책을 읽습니다.

④ 산책을 하는 동안 친구와 이야기를 합니다.

4 ① 일주일에 세 번 정도 운동하러 갑니다.

② 한 달에 네 번 정도 부모님께 전화합니다.

③ 일 년에 두 번 정도 여행을 합니다.

5 ① 생일 선물로　② 카드로　③ 한국어로

④ 사무실로　⑤ 기차로　⑥ 운동복으로

19 대학원에 진학하기로 했습니다.

Exercise

1 ① 학기　　　　　② 입학했습니다.
　③ 예매했습니다.　④ 의사가
　⑤ 교사가　　　　⑥ 세웠습니다.

2 ① 부산에 가기로 했습니다.
　② 친구와 연극을 보기로 했습니다.
　③ 여행을 하기로 했습니다.
　④ 영화를 보기로 했습니다.

3 ① 한국어를 공부하기 위해서 사전을 삽니다.
　② 여자 친구에게 선물하기 위해서 장미를 삽니다.
　③ 비행기를 타기 위해서 공항에 갑니다.
　④ 건강을 지키기 위해서 운동을 합니다.

4 ① 생일 선물을 사야겠습니다.
　② 병원에 가야겠습니다.
　③ 지하철을 타야겠습니다.
　④ 열심히 공부해야겠습니다.
　⑤ 쉬어야겠습니다.

5 ① 그럼 시장에나 갑시다.
　② 그럼 김치찌개나 먹읍시다.
　③ 그럼 우유나 마십시다.
　④ 그럼 돼지고기나 삽시다.

20 고향에 돌아가면 연락드리겠습니다.

Exercise

1 ① 편찮으셔서　　　② 연락하십시오
　③ 드리러　④ 송별회를
　⑤ 배웅하고 ⑥ 비자

2 ① 아프면 병원에 갑니다.

　② 생일이 되면 부모님이 보고 싶습니다.
　③ 시험을 못 치면 기분이 나빠집니다.
　④ 여자(남자)친구를 만나면 데이트를 합니다.
　⑤ 돈을 많이 벌면 세계여행을 하고 싶습니다.

3 ① 에게　　② 에게서　　③ 에게서
　④ 에게　　⑤ 에게서　　⑥ 에게

4 ① 맛있겠습니다.　② 배가 고프시겠습니다.
　③ 피곤하시겠습니다.　④ 슬프겠습니다.

5 ① 내일 여행을 가는데 함께 갑시다.
　② 오늘은 바쁜데 내일 만납시다.
　③ 내일은 휴일인데 영화 보러 갑시다.
　④ 밖에 비가 오는데 집에서 비디오나 봅시다.

21 양복을 입은 적이 없습니다.

Exercise

1 ① 하얀　② 입은　③ 신으면
　④ 흔들고　⑤ 양복을, 웨딩드레스를

2 ① 테니스를 친 적이 있습니다.
　　테니스를 친 적이 없습니다.
　② 불고기를 먹은 적이 있습니다.
　　불고기를 먹은 적이 없습니다.
　③ 프랑스에 가 본 적이 있습니다.
　　프랑스에 가 본 적이 없습니다.
　④ 비행기를 타 본 적이 있습니다.
　　비행기를 타 본 적이 없습니다.
　⑤ 100 점을 받은 적이 있습니다.
　　100 점을 받은 적이 없습니다.

3 ① 외국인이라서　　② 여름이라서
　③ 방학이라서　　　④ 결혼식이라서
　⑤ 휴일이라서

4 ① 바지를 입고 있습니다.
　② 블라우스와 치마를 입고 있습니다.
　③ 안경을 쓰고 있습니다.
　④ 구두를 신고 있습니다.
　⑤ 장갑을 끼고 있습니다.

5 ① 하얘요　② 빨간　③ 노란, 어때요　④ 까만

22 여행을 하기 전에 자전거를 맡겼습니다.

Exercise

1 ① 맡기려고　② 예약
　③ 6박 7일, 배낭여행을
　④ 지리를, 지도를　⑤ 떠나고　⑥ 숙소

2 ① 식사를 하기 전에 손을 씻습니다.
　② 친구와 만나기 전에 약속을 합니다.
　③ 비가 오기 전에 집에 도착했습니다.
　④ 손님이 도착하기 전에 청소를 끝냈습니다.

3 ① 이번 주말에는 손님이 10 명이나 왔습니다.
　② 사과는 8 개나 샀습니다.
　③ 둘째날은 10 시간이나 걸었습니다.
　④ 개는 네 마리나 기릅니다.
　⑤ 동생은 청바지가 네 벌이나 있습니다.

4 ① 그는 담배를 전혀 피우지 않습니다.
　② 그는 거짓말을 전혀 하지 않습니다.
　③ 개가 음식을 전혀 먹지 않습니다.

5 ② 영화를 보다 – 표를 예매하다
　　영화를 보려고 표를 예매했습니다.
　③ 손을 씻다 – 화장실에 가다
　　손을 씻으려고 화장실에 갔습니다.
　④ 음악을 듣다 – 라디오를 켜다
　　음악을 들으려고 라디오를 켰습니다.

　⑤ 살을 빼다 – 운동을 하다
　　살을 빼려고 운동을 했습니다.

23 이제 다 나은 것 같습니다.

Exercise

1 ① 휠체어를　② 배가　③ 치과, 이비인후과
　④ 입원해서, 병문안을　⑤ 깁스를

2 ① 시험기간이니까 열심히 공부합시다.
　　시험기간이니까 열심히 공부하십시오.
　② 바람이 부니까 창문을 닫읍시다.
　　바람이 부니까 창문을 닫으십시오.
　③ 방이 어두우니까 불을 켭시다.
　　방이 어두우니까 불을 켜십시오.
　④ 비가 오니까 우산을 씁시다.
　　비가 오니까 우산을 쓰십시오.

3 ① 몸이 튼튼해졌습니다.
　② 친구가 많아졌습니다.
　③ 한국어가 쉬워졌습니다.
　④ 얼굴이 빨개졌습니다.
　⑤ 한국 생활이 익숙해졌습니다.

4 ① 잠을 자는 것 같습니다.
　② 배가 아픈 것 같습니다.
　③ 시끄러운 것 같습니다.
　④ 길이 막히는 것 같습니다.

5 ① 지었습니다
　② 부은, 저으십시오
　③ 그었습니다

24 **사진을 찍으면 안됩니다.**

Exercise

1　① 박물관　② 관람객
　　③ 현금인출기를　④ 유명한　⑤ 옛날

2　① 옷을 싸게 사려면 시장에 가세요.
　　② 해외여행을 가려면 여권이 필요합니다.
　　③ 한국어 발음을 잘하려면 큰 소리로 책을 읽으세요.
　　④ 시험을 잘 보려면 어떻게 해야 합니까?

3　① 전화를 하면 안 됩니다.
　　② 음식을 먹으면 안 됩니다.
　　③ 주차를 해도 됩니다.
　　④ 담배를 피우면 안 됩니다.
　　⑤ 여기에 앉아도 됩니다.
　　⑥ 손을 씻어도 됩니다.

4　① 먹어 보세요　　② 입어 보고
　　③ 가 볼까요?　　④ 연습해 보세요
　　⑤ 찾아 봐야겠습니다

25 **한복으로 갈아입고 나서 차례를 지냈습니다.**

Exercise

1　① 윷놀이를　② 떡국을, 송편을
　　③ 차례를　④ 빨개집니다.　⑤ 차가 막혀서

2　② 책을 다 읽다 – 친구에게 빌려주다
　　　책을 다 읽고 나서 친구에게 빌려줍니다.
　　③ 친구와 싸우다 – 많이 후회했다
　　　친구와 싸우고 나서 많이 후회했습니다.
　　④ 눈이 오다 – 날씨가 더 추워졌다
　　　눈이 오고 나서 날씨가 더 추워졌습니다.

　　⑤ 병에 걸리다 – 건강을 소중함을 알았다
　　　병에 걸리고 나서 건강의 소중함을 알았습니다.

3　① 한국 노래를 부르기 어렵습니다.
　　② 한자를 읽기 어렵습니다.
　　③ 운전을 하기 쉽습니다.
　　④ 자전거를 타기 어렵습니다.
　　⑤ 김치찌개를 만들기 쉽습니다.

4　① 수업이 끝나자마자 집에 갔습니다.
　　② 친구를 만나자마자 저녁식사를 할 겁니다.
　　③ 집에 가자마자 손을 씻습니다.
　　④ 아침에 일어나자마자 커피를 마십니다.

5　① 멋있게　　② 예쁘게　　③ 깨끗하게
　　④ 친절하게　⑤ 친하게

ㄱ

가게	67
가격	241
가구	16
가깝다	241
가끔	114,115
가다	56,66
가르치다	57,127
가방	44
가수	29
가슴	285
가을	162,163
가입하다	214
가장	202
가족	81
가죽	204
간단히	247
간장	194
간호사	235
갈비탕	187
갈아입다	229,306
감기에 걸리다	284
감기	236
감상하다	279
갑자기	246
값	180
강아지	259
강의실	211
같다	242
같이	158
개(個)	80
개(dog)	80
개강하다	287
거기	45
거실	144
거의	230
거짓말	261
걱정	207
걱정되다	246

건강하다	146
건물	229
걸리다	114,115
검은색	261
겨울	162,163
결석하다	132,211
결혼식	258
결혼	169
결혼하다	169
경기	211
경찰관	235
경찰서	297
계곡	271
계란	189
계속	234
계시다	138,140
계획	234
고등학교	230
고양이	277
고장이 나다	270
고추장	186
고프다	100
고향	93, 126
곧바로	175
골프	223
곳	158
공	77
공무원	235
공연	210
공원	19,150
공주	203
공짜	205
공항	153
과일가게	87
과자	183
관광	279
관람객	296
관리인	296
관중석	222

교과서	229
교사	235
교실	44
교환 학생	198
구	77
구경하다	122
구두	49
구름이 끼다	151
구십	77
군인	235
권	80
귀엽다	205
귀	285
귤	87
그	45
그것	32
그렇다	260
그저께	103
극장	92
근처	246
글씨	225
금방	267
금요일	91
금융직	242
굿다	286
기간	219
기다리다	58,102
기말시험	239
기분	158
기쁨	207
기숙사	82,211
기자	235
기차	158
기차표	84
기회	279
길	153
김밥	187
김치찌개	168
김치	114

깁스	284
깊이	238
까맣다	266
깎다	205
깨끗하다	128
깨닫다	308
꺼내다	296
꺾다	299
꼬리	259
꼭	189
꽃	18,116
꽃병	78
꿈	279
끄다	300
끓이다	195
끝나다	172, 173
끝내다	173
끼다	258
나	25
나무	189
나물	186
나비	16
나빠지다	251
나오다	117
나이	139
날다	203
날씨	150,151
날씬하다	199
날짜	103
남방	267
남자	41
남편	146
낫다	254, 284
낭만	279

ㄴ

내	25
내과	285
내년	103

내다 293
내리다 156
내일 103
냉면 66,187
너무 127
넘어지다 289
넣다 194
네(four) 77
네(yes) 32,33
넷 77
년(year) 103
노랗다 266
노래 76
노트북 202
놀다 246
농구 202
농부 235
높다 308
누가 129
누구 45, 55
누나 140
눈(eye) 285
눈(snow) 128
눈사람 159
눈싸움 159
눈이 오다 151
눕다 284
늦다 132
늦잠 132

ㄷ

다가가다 258
다녀오다 273
다르다 242
다리 284, 285
다섯 77
다시 189
다음 103
다이어트 202

다치다 289
닦다 175
단어 292
단풍 162
닫다 272
달 103
닮다 198,199
담그다 252
담다 194
담배 230
답장 175
당연히 303
대강당 210,211
대기실 258
대단히 127
대사관 297
대청소 306
대학교 138
대학생 128
대학원 234
대 222
댁 158
더 172
덥다 150,151
도서관 47, 54
도시락 150
도자기 296
도착하다 246
돈 71
돌아가다 126,127
돌아가시다 140
돌아오다 127
돕다 189
동네 230
동사무소 297
동생 116,140
동아리 210,211
돼지 206
되다 128

된장찌개 174
두 77
둘 77
뒤 54,60
드시다 140
듣다 68
들다 162
들르다 270
등 296
등반 279
등산 100
따뜻하다 151
딸 205
땅콩 198
떠나다 131,271
떠들다 299
떠오르다 314
떡 191
떡국 306,307
떡볶이 134
떨리다 210
뚱뚱하다 198,199
뛰어오다 117

ㄹ

라디오 39
라면 129, 187
링거를 꽂다 284

ㅁ

마리 80
마시다 71
마음에 들다 303
마음을 놓다 271
마음이 놓이다 270,271
마중 259
마지막 254
마취 285
마흔 77

막히다 153,306
만나다 24
만두 187
만들다 138
만약 296
많다 58
많이 129
말씀드리다 247
맑다 150,151
맛없다 67
맛있다 66,67
맞은편 66,67
맡기다 270
매우 127
매일 210
매점 211
매주 231
맥주 80
맵다 114
머리 131
먹다 56
먼저 247
멀리 263
멋있다 199
메모하다 164
면사포 258
명절 307
명 76
모델 200
모두 146
모레 103
모르다 164
모습 296
모으다 239
모이다 231
모자라다 204
모자 259
목 191
목도리 159

목요일	91	반찬	67	보다	57,66	사십	77
몸	212	발음	301	보통	152	사용하다	219
못생기다	199	발	263,285	복잡하다	172	사이좋다	309
몽당연필	206	밤	92	볶음밥	187	사자	16
무섭다	203	밥	57	봄	162,163	사전	239
무엇	32,55	방	50	부르다	76	사진	80
묵다	274	방법	194	부모님	198	사진을 찍다	108
문	216	방학	103	부치다	194	산	18,75
문의	231	배(belly)	100,285	부탁하다	267	산부인과	285
문화	296	배(ship)	119	불고기	66	산책하다	150
물	174	배가 부르다	131	불다	150	살	139
물개	203	배구	223	불편하다	291	살다	96
물건	19, 165	배낭여행	238,271	블라우스	173	살을 빼다	201
물고기	271	배드민턴	223	비	122	살이 빠지다	284
미국	24	배우	235	비가 오다	151	삶	207
미안하다	102	배우다	54,127	비누	196	삼	77
미용사	235	배우자	242	비빔밥	186,187	삼계탕	187
미용실	205	배웅하다	246	비용	279	삼십	77
민박	271	백화점	67,102	비행기	115	상	306
민속촌	271	백	77	빌리다	156,210	상하다	289
밀가루	189	버스	47	빗다	306	새(bird)	203
밑	54,55	번역하다	234	빨갛다	260	새(new)	186
밑줄	292	번	79	빨리	206	새로	302
		벌	277	빵	18,75	새우	194
ㅂ		벌다	251	빼빼하다	199	새해	314
바나나	47	벌써	258	뽑다	201	생각	207
바다	122	벌써	260			생기다(happen)	246,247
바닷가	292	법원	297	**ㅅ**		생기다(look)	206
바람이 불다	151	벗다	273	사	77	생일	76
바람	150	베트남	25	사계절	162,163	생활	296
바쁘다	128	베트남어	25	사과	47	샤워	159
바지	102,173	변호사	235	사귀다	231	샤워하다	183
박물관	296,297	별로	291	사다	58	서로	199
박수	210	별명	198	사람	24	서른	77
밖	222	병	80	사랑	308	서점	67
반갑다	24	병문안	284	사랑하다	252	섞다	194
반장	201	병실	284	사무실	229	선물	69,76
반죽하다	194	병원	67	사물놀이	210	선생님	27,54
반죽	194	보내다	71	사물놀이패	210	선수	29

설	307	숙제하다	96	싸다	172	앞	54,55
설날	306	술	230	싸우다	310	야구	29
설렁탕	187	숫자	77	썰다	194	야구장	222
섬	271	쉬다	138	쏟아지다	309	약	17,131
섭섭하다	131	쉰	77	쓰다(use)	223	약국	293
성묘	306,307	쉽다	163	쓰다(wear)	259	약속	132
세	77	슈퍼마켓	87	쓰다(write)	225	약하다	291
세수	178	스무	77	쓰레기	222	양말	259
세우다	234,235	스물	77	씨	27,32	양복	173
세제	186	스케이트	223	씻다	143	어기다	303
세탁소	274	스키	163			어깨	285
셋	77	슬픔	207			어둡다	290
소개하다	254	시간	91	**ㅇ**		어디	45,55
소고기	241	시계	38	아기	175	어떻다	122
소금	194	시내	93	아내	205	어렵다	126
소리	222	시설	303	아니요	32,33	어린이날	104
소설	299	시원하다	150,151	아들	146	어머니	138,140
소식	271	시작하다	222	아래	54,55	어울리다	206
소아과	285	시장	164,172	아르바이트	110	어제	78,103
소파	138	시청	297	아름답다	162,199	어젯밤	156
소포	252	시청각 자료실	303	아버지	138,140	언니	140
소풍	201	시청하다	303	아이	15	언어	25
손님	167	시험	98,211	아이스크림	159	언제	55
손	143,285	식당	19,54	아저씨	205	얼굴	267
송별회	246	식사	279	아주	126,127	얼다	156
송편	306,307	식용유	194	아직	260,270	없다	44
쇼핑	93	신다	259	아침	90	에어컨	272
수납	293	신랑	258	아파트	76	여권	301
수리점	270	신문	59	아프다	131	여기	45
수박	158	신발	263	아홉	77	여덟	77
수선	274	신부	263	아흔	77	여동생	138
수업	92	신청서	229	악수	273	여든	77
수영	105	신청하다	231,296	안개가 끼다	151	여름	162,163
수영복	170	신체	285	안	68	여섯	77
수영장	225	신혼여행	271	안경	32	여우	15
수요일	91	싫어하다	129	안과	285	여자	27
수첩	272	심각하다	207	안녕하다	24	여행 가이드	234
숙소	271	심하다	284,285	안정적	242	여행사	236
숙제	153	십	77	앉다	58	여행	109
				알	17		

역사 138
연 296
연구원 242
연극 300
연락하다 246
연인 279
연장하다 250
연필 40,54
연휴 270
열 77
열다 96
열람실 303
열심히 111,126
엽서 296
영 77
영수증 293
영어 25
영화 59,66
영화관 66,67
영화배우 199
영화표 80
옆 54,55
옆방 205
예매하다 236
예쁘다 172,199
예순 77
예식장 258
예약하다 219
옛날 296
오 77
오늘 76,103
오다 56
오래 115
오렌지 276
오르다 241
오른쪽 67
오빠 138,140
오십 77
오전 90

오징어 194
오후 90
올라가다 100
올해 103
옷 17, 172
옷가게 67
옷장 52
옷차림 267
와이셔츠 173
왕 17
왜 132
외과 285
외국 142
외롭다 249
외출하다 274
왼쪽 67
요리 138
요리사 203,235
요리하다 189
요즘 307
용돈 223
우동 187
우산 240
우선 247
우승 223
우유 15
우체국 67
운동 95
운동복 229
운동장 90
운동하다 96
운동화 49
울다 139
웃다 175
원피스 173
원하다 242
월 102
월요일 91
웨딩드레스 258

위(on) 54,55
위(stomach) 15
유명하다 246
유물 296
유채꽃 279
유치원 146
유학생 201
육십 77
육 77
윷놀이 307
은행 67
음료수 174
음식 76
음식물 303
음악 68
응원 222
응원하다 222
의대 236
의료보험증 293
의사 27,235
의자 33
이(teeth) 175
이(this) 26
이(two) 77
이것 32
이기다 222,223
이름 24
이발소 205
이번 103
이별 252
이비인후과 285
이사하다 186
이십 77
이야기 145
이용하다 298
이유 242
익숙하다 287
인기 230
인도네시아 254

인사드리다 247
인사 141
인생 207
일(day) 102
일(one) 77
일(work) 172
일곱 77
일기 210
일본 25
일본어 25
일시 231
일어나다 90
일요일 91
일정 271
일찍 117
일하다 92
일흔 77
읽다 56
잃다 261
입원하다 284
입장권 253
입학하다 201
입 285
있다 44
잊어버리다 272

ㅈ

자다 95
자료실 303
자리 298
자신 242
자장면 187
자전거 116
자주 114,115
작년 103
작다 129
작성하다 293
잘생기다 199
잘 186

잠	95	제사	307	진료신청서	293	축제	210
잠깐	224	조개	194	진찰실	293	축하하다	76
잠시	234	조금	116	진학하다	234	출발하다	117
잡수시다	140	졸다	294	집	18,76	출석하다	211
장	80	졸업여행	271	집들이	186	출입국관리소	250,297
장갑	159,258	졸업하다	230	짓다	286	춤	81
장구	210	좀	198	짧다	172	춥다	150,151
장마철	262	종이	80	쭉	303	취직하다	260
장미	203	종일	219	찍다	194	층	76
장소	67	좋다	150			치과	188,285
장학금	236	좋아하다	57,114	**ㅊ**		치다	210,211
장학생	201	주	103	차	60	치료하다	238
재미있다	126	주다	76	차다	248	치마	16,173
저(I)	24,25	주말	129	차례	306,307	치우다	222
저(that)	45	주무시다	140	차리다	186,187	친구	25
저것	33	주민등록증	293	참	254	친절하다	238
저기	45	주소	216	창구	293	친하다	313
저녁	78	주스	80	창문	46	칠	77
저분	78	주인공	258	찾다	71	칠십	77
적다	272	죽다	140	책	18,32	칠판	44
전	169	죽음	207	책꽂이	62	침대	49
전문직	242	준비물	231	책상	18	칭찬	211
전자사전	308	준비하다	162	처방전	293		
전하다	246	중국	24	처음	169	**ㅋ**	
전혀	270	중국어	25	천	77	카드	229
전화	50	즐겁다	254	철학자	207	카메라	170
점검하다	270	증상	293	첫날	314	칼국수	187
점심	71	지갑	229	첫눈에 반하다	198,199	캐나다	198
점점	287	지금	102	청바지	173	커피숍	71
점퍼	173	지난달	103	청소하다	128	커피	57
접시	194	지난주	103	체육관	219	컴퓨터	219
젓가락	188,198	지내다	307	초	230	컵	60
정도	222,223	지다	223	초대	186	케이크	76
정류장	67	지도	44	초등학생	206	켜다	272
정말	127	지리	270	추다	81	코	285
정오	95	지키다	189	추석	306,307	콜라	191
정장	265	지하철	116	추억	314	콧물	294
정하다	207	직업	235	추워지다	284	크다	109
제	24,25	진료비	293	축구	90	크리스마스	104

큰절	306	편찮으시다	246	한턱내다	223	휴게실	219
키	174	평일	172	할머니	138,140	휴대전화	303
키가 작다	199	포도	16	할아버지	138,140	휴일	213
키가 크다	199	폭포	271	함께	90	휴지	186
		푹	294	항상	200	흐리다	151
ㅌ		풀	18	해	314	흔들다	258,259
타다	116,223	풍선	222	해돋이	314		
탁구공	231	프라이팬	194	해물	194		
탁구	219	피곤하다	100	해변	246		
탁자	60	피다	146	해외여행	241		
태권도	123,126	피부과	285	핸드폰	300		
태어나다	158	피부	266	행복하다	258		
태풍이 불다	151	피서	163	허리	285		
택시	287	피아노	211	헤어지다	175		
테니스	223	피우다	278	현금	300		
텔레비전	50	피자	164	현금인출기	298		
토끼	16	필요하다	191	형	140		
토요일	91			호	76		
통	296	**ㅎ**		호랑이	203		
통역사	235	하나	77	호텔	271		
통역하다	234	하늘	150	혹시	249		
통장	278	하다	223	혼자	249		
통증	285	하루	219	홈런	222		
특별하다	249	하마	16	화가	235		
튼튼하다	291	하얗다	258	화요일	91		
티셔츠	172,173	학교	19	화장	274		
팀	211	학기	214	화장실	174		
		학생증	298	환영하다	231		
ㅍ		학생회관	210,211	환자	284		
파	194	학생	27	환자복	284		
파랗다	260	학점	211	환호하다	222		
파티	112	한	77	회비	279		
팔(arm)	285	한국	25	회사	67		
팔(eight)	77	한국말	164	회사원	235		
팔다	164	한국어	25	회원	210		
팔십	77	한글날	104	후	126		
팝콘	191	한복	173	후회하다	310		
편안하다	303	한식당	66	휠체어	284		
편지	71	한자	311	휴가	239		

– 거나	152
– 게	309
– 겠 –〈추측〉	249
– 겠 –〈의지〉	189
– 고[그리고]	78
– 고 나서	308
– 고 싶다 / 싶어하다	128
– 고 있다	105
– 고 있다〈상태〉	261
– 기 때문에	153
– 기 시작하다	224
– 기 위해서	236
– 기 전에	272
– 기(가) 어렵다 / 쉽다	308
– 기로 하다	236
께	141
께서 –(으)시 –	141
– ㄴ / 는다	213
– 는〈관형형〉	142
– 는 동안	224
– 는데 /(으)ㄴ데 /(이)ㄴ데	249
– 다	213
도	69
들	79
때문에	153
만	165
못 / – 지 못하다	212
– ㅂ니까 / 습니까	56
– ㅂ니다 / 습니다	56
보다 (더)	174
부터 – 까지	92
– 아 / 어 / 여 보다	299
– 아 / 어 / 여 주다	189
– 아 / 어 / 여도 되다	298
– 아 / 어 / 여서[그래서]	128
– 아 / 어 / 여서〈순차〉	188
– 아 / 어 / 여야 하다	212
– 아 / 어 / 여야겠다	237
– 아 / 어 / 여지다	287
안 / – 지 않다	105
– 았 / 었 / 였 –	93
에〈시간〉	92
에〈장소〉	47
에 가다 / 오다 / 다니다	68
에게	116
에게서	248
– 에 – 번	225
에서〈장소〉	68
에서〈출발점〉	117
에서 – 까지	117
와 / 과	47
–(으)ㄴ〈관형형 과거〉	152
–(으)ㄴ〈형용사 관형형〉	175
–(으)ㄴ 적이 있다 / 없다	261
–(으)ㄴ 후에	175
–(으)ㄴ / 는 것 같다	288
–(으)니까	287
–(으)ㄹ〈관형형 과거〉	165
–(으)ㄹ 것이다	106
–(으)ㄹ 때	188
–(으)ㄹ 수 있다 / 없다	116
–(으)러 가다 / 오다	174
–(으)려고 하다	164
–(으)려고	273
–(으)려면	298
(으)로〈교통수단〉	116
(으)로〈도구〉	225
(으)로〈자격〉	200
(으)로 – 을 / 를 만들다	188
–(으)면	248
–(으)면 안 되다	299
–(으)면서	164
은 / 는	26
은 / 는 – 입니다	26
을 / 를	56
을 / 를 –(이)라고 하다	200
의	69
이 / 가	34
이 / 가 되다	128
이 / 가 아닙니다	35
이 / 가 없습니다	46
이 / 가 있습니다	46
이고	78
(이)나	152
(이)나	237
(이)나	272
(이)라서	262
(이)ㄴ데 /(으)ㄴ데	200
입니까?	34
– 자마자	309
전혀	273
– 지만[그렇지만]	129
처럼	200

필자 소개

우형식
연세대학교 대학원 박사과정(문학박사)
부산외국어대학교 한국어교육센터 소장
University of Washington Korea Studies Program 방문교수
현재 부산외국어대학교 한국어문학부 교수

양윤정
부산외국어대학교 교육대학원 외국어로서의 한국어교육전공 석사(교육학석사)
부산외국어대학교 대학원 외국어로서의 한국어교육학과 박사과정
현재 부산외국어대학교 한국어교육센터 교사

권혜경
부산외국어대학교 교육대학원 외국어로서의 한국어교육전공 석사(교육학석사)
부산외국어대학교 대학원 외국어로서의 한국어교흉학과 박사과정
현재 부산외국어대학교 한국어교육센터 교사

엄진숙
한국외국어대학교 한국학과 석사(문학석사)
부산외국어대학교 한국어교육센터 교사
현재 영남대학교 한국어학당 교사

쉽게 배우는 한국어
초급 읽기 · 쓰기

초판발행   2007년 3월 15일
초판 11쇄   2023년 3월 13일

저자   우형식, 양윤정, 권혜경, 엄진숙
편집   권이준, 양승주, 김아영
펴낸이   엄태상
콘텐츠 제작   김선웅, 장형진, 조현준
마케팅본부   이승욱, 왕성석, 노원준, 조성민, 이선민
경영기획   조성근, 최성훈, 정다운, 김다미, 최수진, 오희연
물류   정종진, 윤덕현, 신승진, 구윤주

펴낸곳   한글파크
주소   서울시 종로구 자하문로 300 시사빌딩
주문 및 교재 문의 1588-1582
팩스   0502-989-9592
홈페이지   http://www.sisabooks.com
이메일   book_korean@sisadream.com
등록일자   2000년 8월 17일
등록번호   제300-2014-90호

ISBN   978-89-5518-531-7 13710
              978-89-5518-533-1 (SET)